EL IRRESISTIBLE LIBRO DE COCINA MOCA

100 formas deliciosas y creativas de disfrutar la combinación perfecta de café y chocolate

Patricia Delgado

Material con derechos de autor ©2023

Reservados todos los derechos

Ninguna parte de este libro puede usarse ni transmitirse de ninguna forma ni por ningún medio sin el debido consentimiento por escrito del editor y del propietario de los derechos de autor, excepto las breves citas utilizadas en una reseña. Este libro no debe considerarse un sustituto del asesoramiento médico, legal o de otro tipo profesional.

TABLA DE CONTENIDO

TABLA DE CONTENIDO 3
INTRODUCCIÓN 6
DESAYUNO 7
   1. Crepe de crema de moca 8
   2. Parfait de desayuno con moca 11
   3. Tostada Francesa De Moca 13
   4. Panqueques De Moca 15
   5. Avena con moca durante la noche 17
   6. Pudín de moca y chía 19
   7. Granola de moca 21
   8. Galletas de moca y almendras 23
   9. Tazón de desayuno de quinua y moca 26
   10. Bollos de moca 28
   11. Galletas De Moca 30
   12. Croissants de moca 33
APERITIVOS 35
   13. Moca Trufas De Almendras 36
   14. Palomitas de maíz con moca y almendras 38
   15. Cannoli de chocolate y moca 40
   16. Troncos de moca sin cocinar 43
   17. Gotas heladas de moca 45
   18. Napoleones de chocolate blanco y moca 48
   19. Cuernos de crema de moca 51
   20. macarrones de moca 54
   21. Bolas energéticas de moca 57
   22. Muffins De Moca 59
   23. Bolas de licor de moca sin hornear 61
   24. Raviolis de mazapán con salsa moca 63
   25. Trufas De Moca 66
   26. Bolas energéticas de moca 68
   27. Corteza de moca 70
   28. Galletas De Mocha, Almendras Y Mocha 72
   29. Mocha Brownie 75
   30. Cuadrados de moca 77
   31. de mocha Nanaimo 80

32. de moca con chocolate blanco 83
33. Pisos Moca 86
34. de moca con chocolate amargo 89
35. Galletas De Moca De Chocolate Blanco 92
36. Rotaciones de moca 95
37. de moca y pistacho 97
38. Danés de moca 100
39. Galletas De Moca 102
40. Galletas De Avena Y Moca 104
41. Galletas con chispas de chocolate, moca y caramelo 107
42. Velas de mantequilla de moca 110

POSTRE 113
43. Mousse De Moca Y Avellanas 114
44. Bagatela de moca y frambuesa 116
45. Sándwiches de helado de moca y almendras 118
46. Pastel de tiramisú de mocha mambo 120
47. Paletas de vainilla y moca 122
48. Panna Cotta De Moca 124
49. Panna cotta de almendras con salsa de moca 126
50. Fondue de moca 128
51. Helado de moca 130
52. Tarta de queso con moca sin hornear 132
53. Moca Marjolaine 135
54. Patatas fritas de moca y menta 138
55. Mousse de moca y malvavisco 141
56. Pastel de moca y caramelo 143
57. Sorbete de moca 146
58. Cúpulas de macarrones de moca y avellanas 148

SALSAS 151
59. Salsa Kahlua Moca 152
60. Salsa De Dulce De Moca 154
61. Salsa De Moca Y Ron 156
62. Salsa Moca Tía María 158
63. Salsa De Moca Y Nueces 160

BATIDOS Y CÓCTELES 162
64. Moca helado de la selva negra 163
65. Batido de proteína de moca 165
66. Batido de plátano y moca 167
67. Batido malteado de moca, caramelo y oreo 169

68. Frappuccino De Moca 171
69. Moca a la antigua usanza 173
70. Deslizamiento de lodo de moca 175
71. Flip de moca 177
72. Martini de moca 179

CAFÉ MOCA **181**

73. Moca clásico 182
74. Capuchino helado de moca 184
75. Frappé de moca 186
76. Frappé Godiva Mocha 188
77. Mochaccino helado 190
78. Moca cola brasileña 192
79. Moca mexicano picante 194
80. Moca de menta 196
81. Moca de frambuesa 198
82. Canela Naranja Moca 200
83. Café Moca De Malvavisco Tostado 202
84. Cóctel sin alcohol de moca y menta 204
85. Moca de chocolate blanco 206
86. moca de coco 208
87. Mocha Italiano Espresso 210
88. Moca De Cacao Y Avellanas 212
89. Moca de frambuesa y chocolate blanco 214
90. Café helado original 216
91. Café con sabor a moca 218
92. café con chocolate 220
93. Moca espresso italiano 222
94. Cafés chocolateados 224
95. Café Amaretto De Chocolate 226
96. Flotador de café con chocolate y menta 228
97. Moca De Cacao Y Avellanas 230
98. Café con chocolate y menta 232
99. Café italiano con chocolate 234
100. Moca semidulce 236

CONCLUSIÓN **238**

INTRODUCCIÓN

Bienvenido a "El Irresistible Libro De Cocina Moca", una deliciosa colección de recetas que combinan los ricos y robustos sabores del café con la indulgente dulzura del chocolate. Ya sea que sea un devoto entusiasta del café o simplemente disfrute de un capricho ocasional con moca, este libro de cocina está diseñado para satisfacer sus antojos y despertar sus papilas gustativas.

En estas páginas, encontrará una amplia gama de recetas que muestran la versatilidad del mocha, desde los clásicos favoritos como el mocha latte y los brownies hasta versiones ingeniosas de platos tradicionales. Hemos seleccionado cuidadosamente esta selección para atender tanto a los conocedores del café como a aquellos que buscan explorar el delicioso mundo del moca por primera vez.

Cada receta de este libro de cocina ha sido elaborada con amor y precisión, asegurando que cada sorbo y bocado brinde un equilibrio exquisito entre las notas amargas del café y la dulzura sedosa del chocolate. Ya sea que esté buscando una bebida acogedora para disfrutar en un día lluvioso o un postre espectacular para impresionar a sus invitados, " El Irresistible Libro De Cocina Moca " lo tiene cubierto.

Entonces, toma tu taza favorita, desempolva tu delantal y prepárate para embarcarte en una aventura culinaria llena de moca. Con estas recetas, podrás crear delicias deliciosas que dejarán a todos con ganas de más. ¡Sumerjámonos y descubramos juntos el irresistible mundo del mocha!

DESAYUNO

1.Crepe de crema de moca

INGREDIENTES:
PARA CREPES:
- 1 taza de harina para todo uso
- 2 cucharadas de cacao en polvo
- 2 cucharadas de azúcar granulada
- ¼ cucharadita de sal
- 3 huevos grandes
- 1 ¼ tazas de leche
- 2 cucharadas de mantequilla sin sal, derretida
- 1 cucharadita de café instantáneo en gránulos
- Spray para cocinar o mantequilla adicional para engrasar la sartén

PARA RELLENO DE CREMA DE MOCA:
- 1 taza de crema espesa
- 2 cucharadas de azúcar en polvo
- 1 cucharadita de cacao en polvo
- 1 cucharadita de café instantáneo en gránulos
- ½ cucharadita de extracto de vainilla

ADORNOS OPCIONALES:
- Sirope de chocolate
- Crema batida
- virutas de chocolate

INSTRUCCIONES:

a) En un tazón, mezcle la harina, el cacao en polvo, el azúcar granulada y la sal.

b) En un recipiente aparte, bata los huevos, la leche, la mantequilla derretida y los gránulos de café instantáneo hasta que estén bien combinados.

c) Vierte poco a poco los ingredientes húmedos sobre los secos, batiendo continuamente hasta obtener una masa suave.

d) Deje reposar la masa durante unos 10-15 minutos para permitir que la harina se hidrate.

e) Mientras tanto, prepara el relleno de crema de moca. En un tazón frío, bata la crema espesa, el azúcar en polvo, el cacao en polvo, los gránulos de café instantáneo y el extracto de vainilla hasta que se formen picos suaves. Reservar en el refrigerador hasta que esté listo para usar.

f) Calienta una sartén antiadherente o una sartén para crepes a fuego medio. Engrase ligeramente la superficie con aceite en aerosol o mantequilla.

g) Vierta aproximadamente ¼ de taza de la masa de crepe en la sartén, girándola para cubrir uniformemente el fondo.

h) Cocine el crepe durante aproximadamente 1-2 minutos hasta que los bordes comiencen a dorarse y el fondo esté firme.

i) Voltee la crepe con una espátula y cocine durante 1-2 minutos más por el otro lado.

j) Retire la crepe cocida de la sartén y transfiérala a un plato. Repite el proceso con la masa restante hasta que todos los crepes estén cocidos.

k) Una vez que los crepes se hayan enfriado un poco, esparce una cantidad generosa del relleno de crema de moca sobre cada crepe.

l) Dobla el crepe en cuartos o enróllalo, según tu preferencia.

m) Sirva las crepes de crema de moca con aderezos opcionales como sirope de chocolate, crema batida y virutas de chocolate.

2.Parfait de desayuno con moca

INGREDIENTES:
- 1 taza de yogur griego
- 1 cucharada de cacao en polvo
- 1 cucharada de café instantáneo en gránulos
- 1 cucharada de miel o edulcorante de elección
- Granola y bayas frescas para capas

INSTRUCCIONES:
a) En un tazón, combine el yogur griego, el cacao en polvo, los gránulos de café instantáneo y la miel.
b) Revuelve bien hasta que la mezcla esté suave y los ingredientes estén completamente incorporados.
c) En un frasco de vidrio, cubra la mezcla de yogur moca con granola y bayas frescas.
d) Repite las capas hasta llenar el vaso o frasco.
e) Cubra con una cucharada adicional de yogur de moca y decore con bayas.
f) Sirva el parfait de desayuno de moca inmediatamente o refrigérelo hasta que esté listo para disfrutarlo.

3.Tostada Francesa De Moca

INGREDIENTES:
- 4 rebanadas de pan
- 2 huevos grandes
- ¼ de taza de leche (láctea o de origen vegetal)
- 1 cucharada de cacao en polvo
- 1 cucharada de café instantáneo en gránulos
- 1 cucharada de azúcar granulada
- Mantequilla o aceite para freír
- Sirope de arce y frutos rojos frescos para servir (opcional)

INSTRUCCIONES:

a) En un plato llano, mezcle los huevos, la leche, el cacao en polvo, los gránulos de café instantáneo y el azúcar.

b) Sumerge cada rebanada de pan en la mezcla, dejándola en remojo durante unos segundos por cada lado.

c) Calienta una sartén o plancha antiadherente a fuego medio y derrite un poco de mantequilla o calienta aceite.

d) Coloque las rebanadas de pan remojadas en la sartén y cocine hasta que estén doradas por cada lado.

e) Repita con las rebanadas de pan restantes, agregando más mantequilla o aceite según sea necesario.

f) Sirva la tostada francesa de moca con jarabe de arce y bayas frescas, si lo desea.

4. Panqueques De Moca

INGREDIENTES:
- 1½ tazas de harina de espelta
- ¼ taza de cacao sin azúcar
- 3 cucharaditas de espresso instantáneo en polvo
- 1½ cucharaditas de polvo para hornear
- 1 cucharadita de bicarbonato de sodio
- ½ cucharadita de sal
- 2 cucharadas de aceite de coco, derretido
- 1 cucharadita de extracto de vainilla
- 2 huevos grandes, batidos
- 1¼ tazas de kéfir natural

INSTRUCCIONES:
a) Agregue la harina de espelta, el cacao, el espresso en polvo, el polvo para hornear, el bicarbonato de sodio y la sal a un tazón y bata para combinar.
b) En otro tazón, mezcle el aceite de coco, la vainilla, los huevos y el kéfir hasta que estén bien combinados. El aceite de coco derretido puede endurecerse cuando se combina con ingredientes más fríos, por lo que puedes calentar ligeramente el kéfir para evitar que esto suceda si lo deseas.
c) Agregue los ingredientes húmedos a los ingredientes secos y bata hasta que estén bien combinados.
d) Deje reposar la masa durante 2 a 3 minutos. Esto permite que todos los ingredientes se unan y le da a la masa una mejor consistencia.
e) Rocíe generosamente una sartén o plancha antiadherente con aceite vegetal y caliente a fuego medio.
f) Una vez que la sartén esté caliente, agregue la masa con una taza medidora de ¼ de taza y vierta la masa en la sartén para hacer el panqueque. Utilice la taza medidora para ayudar a darle forma al panqueque.
g) Cocine hasta que los lados parezcan firmes y se formen burbujas en el medio (aproximadamente de 2 a 3 minutos), luego voltee el panqueque.
h) Una vez que el panqueque esté cocido por ese lado, retira el panqueque del fuego y colócalo en un plato.

5.Avena con moca durante la noche

INGREDIENTES:
- ½ taza de copos de avena
- 1 taza de leche (láctea o de origen vegetal)
- 1 cucharada de cacao en polvo
- 1 cucharada de café instantáneo en gránulos
- 1 cucharada de jarabe de arce
- 1 cucharada de semillas de chía (opcional)
- Virutas de chocolate amargo para decorar (opcional)

INSTRUCCIONES:

a) En un frasco o recipiente, combine los copos de avena, el cacao en polvo, los gránulos de café instantáneo y las semillas de chía (si las usa).

b) Agrega la leche y el jarabe de arce a la mezcla. Revuelva bien para combinar.

c) Cubra el frasco y refrigere durante la noche o durante al menos 4 horas.

d) Por la mañana, revuelva bien la avena y agregue más leche si lo desea.

e) Adorne con virutas de chocolate amargo y disfrute de su moca con avena durante la noche.

6.Pudín de moca y chía

INGREDIENTES:
- ¼ de taza de semillas de chía
- 1 taza de leche (láctea o de origen vegetal)
- 1 cucharada de cacao en polvo
- 1 cucharada de café instantáneo en gránulos
- 1 cucharada de miel o edulcorante de elección
- Chispas de chocolate amargo para decorar (opcional)

INSTRUCCIONES:

a) En un tazón, combine las semillas de chía, el cacao en polvo, los gránulos de café instantáneo y la miel.

b) Vierta poco a poco la leche mientras bate para evitar que se formen grumos.

c) Batir hasta que esté bien combinado y no queden grumos.

d) Cubra el recipiente y refrigere por al menos 4 horas o toda la noche.

e) Revuelva la mezcla después de 30 minutos para evitar que se formen grumos.

f) Una vez que el pudín de chía se haya endurecido, revuélvelo por última vez y divídelo en tazones para servir.

g) Adorne con chispas de chocolate amargo y disfrute de su pudín de mocha y chía.

7.Granola de moca

INGREDIENTES:
- 2 tazas de copos de avena
- ½ taza de almendras picadas
- ½ taza de coco rallado
- ¼ taza de cacao en polvo
- 2 cucharadas de café instantáneo en gránulos
- 3 cucharadas de aceite de coco derretido
- 3 cucharadas de jarabe de arce
- ½ cucharadita de extracto de vainilla

INSTRUCCIONES:

a) Precalienta el horno a 325 °F (165 °C) y cubre una bandeja para hornear con papel pergamino.

b) En un tazón grande, combine los copos de avena, las almendras picadas, el coco rallado, el cacao en polvo y los gránulos de café instantáneo.

c) En un recipiente aparte, mezcle el aceite de coco derretido, el jarabe de arce y el extracto de vainilla.

d) Vierta los ingredientes húmedos sobre los ingredientes secos y mezcle hasta que todo esté cubierto uniformemente.

e) Extienda la mezcla en una capa uniforme sobre la bandeja para hornear preparada.

f) Hornee durante 20-25 minutos, revolviendo a la mitad, hasta que la granola esté crujiente y dorada.

g) Retirar del horno y dejar enfriar por completo.

h) Una vez enfriado, transfiéralo a un recipiente hermético y guárdelo a temperatura ambiente.

i) Sirve la granola de moca con yogur, leche o como aderezo para tu plato de desayuno favorito.

8.Galletas de moca y almendras

INGREDIENTES:
- 2 tazas de harina para todo uso
- ½ taza de cacao en polvo sin azúcar
- 1 cucharada de café instantáneo en gránulos
- 1 cucharadita de polvo para hornear
- ¼ cucharadita de sal
- ½ taza de mantequilla sin sal, ablandada
- 1 taza de azúcar granulada
- 2 huevos grandes
- 1 cucharadita de extracto de vainilla
- 1 taza de almendras picadas
- ½ taza de chispas de chocolate semidulce

INSTRUCCIONES:
a) Precalienta el horno a 350 °F (175 °C) y cubre una bandeja para hornear con papel pergamino.
b) En un tazón, mezcle la harina, el cacao en polvo, los gránulos de café instantáneo, el polvo para hornear y la sal. Dejar de lado.
c) En un tazón aparte, mezcle la mantequilla ablandada y el azúcar granulada hasta que esté suave y esponjosa.
d) Agrega los huevos, uno a la vez, batiendo bien después de cada adición. Agregue el extracto de vainilla.
e) Agregue gradualmente la mezcla de ingredientes secos a la mezcla de mantequilla, mezclando hasta que esté combinado.
f) Incorpora las almendras picadas y las chispas de chocolate semidulce hasta que se distribuyan uniformemente por toda la masa.
g) Divida la masa por la mitad y forme un tronco con cada mitad, de aproximadamente 12 pulgadas de largo y 2 pulgadas de ancho. Coloque los troncos en la bandeja para hornear preparada, dejando espacio entre ellos.
h) Hornee en el horno precalentado durante unos 25-30 minutos o hasta que los troncos estén cuajados y ligeramente firmes al tacto.
i) Retire la bandeja para hornear del horno y deje que los troncos se enfríen durante unos 10 a 15 minutos.
j) Reduzca la temperatura del horno a 325 °F (165 °C).
k) Con un cuchillo afilado, corte los troncos en diagonal en rodajas de ½ pulgada de grosor. Coloque las rebanadas de Galletas con el lado cortado hacia abajo en la bandeja para hornear.
l) Hornea los Galletas durante 10 a 15 minutos más, o hasta que estén crujientes y ligeramente tostados. Voltee los Galletas a la mitad del tiempo de horneado para asegurar que se doren uniformemente.
m) Retirar del horno y dejar que los Galletas se enfríen completamente sobre una rejilla.
n) Una vez que los Galletas se hayan enfriado, estarán listos para disfrutarlos. Guárdelos en un recipiente hermético a temperatura ambiente por hasta 2 semanas.

9.Tazón de desayuno de quinua y moca

INGREDIENTES:
- ½ taza de quinua cocida
- ¼ de taza de yogur griego
- 1 cucharada de cacao en polvo
- 1 cucharada de café instantáneo en gránulos
- 1 cucharada de miel o edulcorante de elección
- Plátano en rodajas y nueces picadas para cubrir (opcional)

INSTRUCCIONES:

a) En un tazón, combine la quinua cocida, el yogur griego, el cacao en polvo, los gránulos de café instantáneo y la miel.

b) Revuelve bien hasta que todos los ingredientes estén incorporados uniformemente.

c) Transfiera la mezcla a un tazón para servir.

d) Cubra con plátano en rodajas y nueces picadas, si lo desea.

e) Disfrute de su tazón de desayuno de moca y quinua como un comienzo nutritivo y satisfactorio para el día.

10. Bollos de moca

INGREDIENTES:
- 2 tazas de harina para todo uso
- ¼ taza de azúcar granulada
- 2 cucharadas de café instantáneo en gránulos
- 1 cucharada de polvo para hornear
- ½ cucharadita de sal
- ½ taza de mantequilla fría sin sal, en cubos
- ½ taza de crema espesa
- ¼ de taza de café fuerte, enfriado
- 1 cucharadita de extracto de vainilla
- ½ taza de chispas de chocolate semidulce (opcional)
- 1 huevo (para batir huevos)
- Azúcar gorda (para espolvorear, opcional)

INSTRUCCIONES:

a) Precalienta el horno a 200 °C (400 °F) y cubre una bandeja para hornear con papel pergamino.

b) En un tazón grande, mezcle la harina, el azúcar granulada, los gránulos de café instantáneo, el polvo para hornear y la sal.

c) Agrega la mantequilla fría en cubos a los ingredientes secos. Utilice un cortador de masa o los dedos para incorporar la mantequilla a la mezcla seca hasta que parezca migajas gruesas.

d) En un recipiente aparte, combine la crema espesa, el café preparado y el extracto de vainilla.

e) Vierta los ingredientes húmedos en la mezcla seca y revuelva hasta que estén combinados. Si lo desea, agregue las chispas de chocolate semidulce.

f) Coloque la masa sobre una superficie enharinada y amásela suavemente unas cuantas veces hasta que se una.

g) Dale palmaditas a la masa formando un círculo de aproximadamente 1 pulgada de grosor. Corta el círculo en 8 trozos.

h) Coloque los bollos en la bandeja para hornear preparada. Batir el huevo y untarlo sobre la parte superior de los bollos. Espolvoree con azúcar gruesa, si la usa.

i) Hornee en el horno precalentado durante 15-18 minutos o hasta que los bollos estén dorados y al insertar un palillo en el centro, éste salga limpio.

j) Deje que los bollos de moca se enfríen sobre una rejilla antes de servir.

11.Galletas De Moca

INGREDIENTES:
- 2 tazas de harina para todo uso sin blanquear
- 1 taza de azúcar
- ½ cucharadita de bicarbonato de sodio
- ½ cucharadita de polvo para hornear
- ½ cucharadita de sal
- ½ cucharadita de canela molida
- ½ cucharadita de clavo molido
- ¼ de taza de espresso frío preparado fuerte
- 1 cucharada de espresso frío preparado fuerte
- 1 cucharada de leche
- 1 cucharadita de leche
- 1 yema de huevo grande
- 1 cucharadita de extracto de vainilla
- ¾ taza de avellanas tostadas y picadas en trozos grandes
- ½ taza de chispas de chocolate semidulce

INSTRUCCIONES:

a) En el tazón de una batidora eléctrica equipada con el accesorio de paleta, combine la harina, el azúcar, el bicarbonato de sodio, el polvo para hornear, la sal, la canela y los clavos hasta que estén bien mezclados.

b) En un tazón pequeño, mezcle el espresso frío, la leche, la yema de huevo y el extracto de vainilla. Agrega esta mezcla a los ingredientes secos en la batidora. Batir hasta que se forme una masa.

c) Agrega las avellanas tostadas y picadas y las chispas de chocolate semidulce.

d) Coloca la masa sobre una superficie enharinada. Amasarlo varias veces y luego dividirlo por la mitad.

e) Con las manos enharinadas, forme cada mitad de la masa en un tronco plano que mida 12 pulgadas de largo y 2 pulgadas de ancho. Coloque los troncos al menos a 3 pulgadas de distancia en una bandeja para hornear grande untada con mantequilla y enharinada.

f) Hornea los troncos en el medio de un horno precalentado a 350 °F (175 °C) durante 35 minutos. Déjelos enfriar en la bandeja para hornear sobre una rejilla durante unos 10 minutos.

g) Reduzca la temperatura del horno a 300°F (150°C). En una tabla de cortar, corte los troncos en diagonal en rodajas de ¾ de pulgada. Coloque los Galletas, con los lados cortados hacia abajo, en la bandeja para hornear.

h) Hornee de 5 a 6 minutos por cada lado, o hasta que adquieran un color dorado pálido.

i) Transfiera los Galletas a rejillas para enfriar y déjelos enfriar por completo.

j) Guarde los Galletas en recipientes herméticos para mantenerlos frescos.

k) ¡Disfruta de tus Galletas de moca caseros!

12. Croissants de moca

INGREDIENTES:
- 1 lote de masa de croissant (casera o comprada)
- ¼ de taza de espresso o café fuerte
- ½ taza de chispas de chocolate
- ¼ de taza de almendras rebanadas (opcional)
- Azúcar en polvo para espolvorear

INSTRUCCIONES:

a) Precalienta tu horno según las instrucciones de la masa de croissant.

b) Estirar la masa del croissant y cortarla en triángulos.

c) Sumerge cada triángulo en el espresso o café.

d) Espolvorea chispas de chocolate y almendras rebanadas (si las usas) sobre cada triángulo.

e) Enrolla cada triángulo, empezando por el extremo ancho.

f) Coloque los croissants en una bandeja para hornear y hornee según las instrucciones de la masa.

g) Una vez horneados y enfriados, espolvoréalos con azúcar en polvo antes de servir.

APERITIVOS

13.Moca Trufas De Almendras

INGREDIENTES:
- 2 cucharadas de agua
- 1 cucharada de café instantáneo en gránulos
- ¾ taza de chispas de chocolate semidulce
- ¾ taza de almendras molidas
- ¾ taza de azúcar glass, cantidad dividida

INSTRUCCIONES:

a) En una cacerola mediana, combine el agua y los gránulos de café a fuego medio, revolviendo hasta que los gránulos de café se disuelvan.

b) Agrega el chocolate y revuelve hasta que se derrita.

c) Retire del fuego y agregue las almendras y ½ taza de azúcar glass hasta que esté firme.

d) Forme 2 docenas de bolas de 1 pulgada y luego agregue el ¼ de taza restante de azúcar glas.

e) Colóquelo en una bandeja para hornear y enfríe durante 10 minutos o hasta que esté firme.

f) Sirva o guárdelo en un recipiente hermético hasta que esté listo para servir.

14. Palomitas de maíz con moca y almendras

INGREDIENTES:
- ½ taza de café fuerte
- ½ taza de jarabe de maíz blanco
- ¼ taza de mantequilla
- 1 taza de azúcar moreno
- 1 cucharada de cacao
- ½ taza de palomitas de maíz reventadas
- 1 taza de almendras; picar tostado

INSTRUCCIONES:

a) En una cacerola pesada poner el café, el jarabe de maíz, la mantequilla, el azúcar moreno y el cacao.
b) Cocine a fuego moderado a 280~ en un termómetro para dulces.
c) Vierta sobre las palomitas de maíz y las almendras.

15. Cannoli de chocolate y moca

INGREDIENTES:
CONCHAS DE CANNOLI:
- 2 trozos de pan plano rectangulares
- 2 tazas de leche vegetal sin azúcar, yo usé anacardo
- ½ taza de azúcar de caña u otro azúcar sin refinar como el coco
- ½ taza de cacao en polvo
- 2 cucharaditas de espresso molido
- ¼ de cucharadita de sal marina

RELLENO DE CANNOLI:
- 1 ½ tazas de harina de almendras extrafina
- ½ taza de crema de coco
- ½ taza de azúcar de caña u otro azúcar sin refinar como el coco
- ½ taza de cacao en polvo
- ¼ de taza de leche vegetal sin azúcar, yo usé anacardos
- 3 cucharaditas de vinagre de sidra de manzana
- 1 ½ cucharaditas de espresso molido
- ¼ de cucharadita de sal marina
- 4 cucharadas de chispas de chocolate no lácteas, las mini chips son las mejores

INSTRUCCIONES:

a) Corte cada uno de sus rectángulos de pan plano en 6 piezas iguales cortando primero por la mitad a lo largo y luego haciendo 3 cortes cortos para obtener 6 piezas rectangulares y cuadradas.

b) Pon la leche en un bol y mezcla el resto de los ingredientes de las cáscaras de cannoli en otro bol (azúcar, cacao, espresso y sal).

c) Sumerja cada trozo pequeño de pan plano en la leche, déjelo en remojo un poco y luego cúbralo con la cobertura. Utilizo una cuchara para colocar la cobertura sobre el trozo de pan plano húmedo y sacudir el exceso.

d) Luego, envuelve cada trozo de pan plano rebozado alrededor del tubo de cannoli (o el que hiciste como yo) y colócalo con la costura hacia abajo sobre una bandeja para hornear forrada con papel pergamino. También puedes asegurarlo con un palillo, pero para mí fue más fácil colocarlo con la costura hacia abajo para mantenerlo en su lugar. Debe ser lo suficientemente suave como para mantenerse bien unido.

e) Hornee a 350 F/175 C durante 25 minutos o hasta que estén crujientes.

f) Mientras se hornean, haz el relleno. Coloque todos los ingredientes del relleno, excepto las chispas de chocolate, en un procesador de alimentos y mezcle hasta que estén suaves y tersos.

g) Agrega las chispas de chocolate y licúa hasta que estén un poco picadas y bien combinadas.

h) Pon la mezcla en el frigorífico para que espese y se asiente.

i) Cuando las cáscaras de cannoli estén listas, sácalas del horno y déjalas enfriar por completo antes de sacarlas de los tubos, durante unos 20 minutos.

j) Usando una bolsa de plástico con la esquina cortada o una manga pastelera, llena cada cáscara de cannoli con la mezcla de relleno de chocolate. ¡Puedes decorar con más chispas de chocolate, azúcar glass, cacao en polvo o lo que quieras!

k) Come enseguida, si los dejas mucho tiempo pueden ablandarse.

16. Troncos de moca sin cocinar

INGREDIENTES:
- 2 tazas de galletas tipo sándwich de chocolate (como las galletas Oreo), trituradas
- ½ taza de azúcar en polvo
- ¼ de taza de cacao en polvo sin azúcar
- 2 cucharadas de café instantáneo en gránulos
- ½ taza de leche condensada azucarada
- ½ cucharadita de extracto de vainilla
- ½ taza de nueces picadas (como almendras o nueces), para decorar (opcional)

INSTRUCCIONES:
a) En un tazón, combine las galletas tipo sándwich de chocolate trituradas, el azúcar en polvo, el cacao en polvo y los gránulos de café instantáneo. Mezclar bien para combinar.
b) Agrega la leche condensada azucarada y el extracto de vainilla a la mezcla. Revuelva hasta que los ingredientes estén bien combinados y formen una masa espesa y pegajosa.
c) Coloque una hoja grande de plástico o papel encerado sobre una superficie limpia.
d) Transfiera la masa a la envoltura de plástico y déle forma de tronco, de aproximadamente 8 a 10 pulgadas de largo.
e) Enrolle el tronco firmemente en la envoltura de plástico, girando los extremos para sellarlo de forma segura. Asegúrese de que el tronco sea compacto y uniforme.
f) Coloque el tronco envuelto en el refrigerador y déjelo enfriar durante al menos 2 horas o hasta que esté firme.
g) Una vez que el tronco esté firme, sácalo del frigorífico y desenvuélvelo.
h) Enrolle el tronco en nueces picadas, si lo desea, presionando suavemente para adherir las nueces a la superficie.
i) Con un cuchillo afilado, corte el tronco en porciones individuales, de aproximadamente ½ pulgada de grosor.
j) Sirva fríos los troncos de moca sin cocinar. Se pueden conservar en un recipiente hermético en el frigorífico hasta por una semana.

17. Gotas heladas de moca

INGREDIENTES:
PARA LAS GALLETAS:
- ½ taza de mantequilla sin sal, ablandada
- ¾ taza de azúcar granulada
- 1 huevo grande
- 1 cucharadita de extracto de vainilla
- ½ taza de cacao en polvo
- 1 ¼ tazas de harina para todo uso
- ½ cucharadita de polvo para hornear
- ¼ cucharadita de sal
- ¼ taza de leche
- 1 cucharada de café instantáneo en gránulos

PARA EL HELADO DE MOCA:
- ¼ de taza de mantequilla sin sal, ablandada
- 1 ½ tazas de azúcar en polvo
- 1 cucharada de cacao en polvo
- 1 cucharada de café instantáneo en gránulos
- 2-3 cucharadas de leche
- Granos de chocolate o cacao en polvo, para decoración (opcional)

INSTRUCCIONES
PARA LAS GALLETAS:
a) Precalienta el horno a 350 °F (175 °C) y cubre una bandeja para hornear con papel pergamino.
b) En un tazón pequeño, combine la leche y los gránulos de café instantáneo. Revuelve hasta que el café se disuelva. Dejar de lado.
c) En un tazón grande, mezcle la mantequilla ablandada y el azúcar granulada hasta que esté suave y esponjosa.
d) Batir el huevo y el extracto de vainilla hasta que estén bien combinados.
e) En un recipiente aparte, mezcle el cacao en polvo, la harina para todo uso, el polvo para hornear y la sal.
f) Agrega poco a poco la mezcla de ingredientes secos a la mezcla de mantequilla, alternando con la mezcla de leche y café. Comience y termine con los ingredientes secos, mezclando hasta que se combinen después de cada adición.
g) Deje caer cucharaditas redondeadas de masa en la bandeja para hornear preparada, espaciándolas aproximadamente a 2 pulgadas de distancia.
h) Hornea en el horno precalentado durante unos 10-12 minutos o hasta que las galletas estén cuajadas.
i) Retirar del horno y dejar que las galletas se enfríen en la bandeja para hornear durante unos minutos antes de transferirlas a una rejilla para que se enfríen por completo.

PARA EL HELADO DE MOCA:
j) En un tazón, bata la mantequilla blanda hasta que esté cremosa.
k) Agrega poco a poco el azúcar glass, el cacao en polvo y los gránulos de café instantáneo. Mezclar hasta que esté bien combinado.
l) Agrega la leche, una cucharada a la vez, y continúa batiendo hasta que el glaseado alcance una consistencia suave y untable.
m) Una vez que las galletas se hayan enfriado por completo, glasea la parte superior de las galletas con el glaseado de moca.
n) Opcional: Decore las galletas glaseadas con chispas de chocolate o una capa de cacao en polvo.
o) Deje que el glaseado se asiente antes de servir.

18. Napoleones de chocolate blanco y moca

INGREDIENTES:
- 1 hoja de hojaldre, descongelada
- 4 onzas de chocolate blanco, picado
- 1 taza de crema espesa
- 2 cucharadas de azúcar en polvo
- 1 cucharada de café instantáneo en gránulos
- 1 cucharadita de extracto de vainilla
- Virutas de chocolate, para decorar (opcional)

INSTRUCCIONES:
a) Precalienta tu horno a 400°F (200°C).
b) Extienda la hoja de hojaldre descongelada sobre una superficie ligeramente enharinada para suavizar las arrugas. Córtelo en rectángulos, cada uno de aproximadamente 4x3 pulgadas de tamaño.
c) Coloque los rectángulos de masa en una bandeja para hornear forrada con papel pergamino. Pinche la superficie de la masa con un tenedor para evitar que se hinche excesivamente durante el horneado.
d) Hornee la masa en el horno precalentado durante unos 12-15 minutos o hasta que esté dorada e inflada. Retirar del horno y dejar enfriar completamente sobre una rejilla.
e) En un recipiente resistente al calor, derrita el chocolate blanco a baño maría o en ráfagas cortas en el microondas, revolviendo hasta que quede suave. Dejar enfriar un poco.
f) En un tazón aparte, bata la crema espesa, el azúcar en polvo, los gránulos de café instantáneo y el extracto de vainilla hasta que se formen picos suaves.
g) Incorpora suavemente el chocolate blanco derretido a la mezcla de crema batida hasta que esté bien combinado.
h) Para armar los napoleones, tome un rectángulo de hojaldre enfriado y extienda una generosa capa de relleno de moca de chocolate blanco encima.
i) Colocar otro rectángulo de hojaldre encima del relleno y presionar ligeramente. Repetir con otra capa de relleno y un último rectángulo de hojaldre.
j) Repita el proceso con los rectángulos de masa restantes y el relleno para crear napoleones adicionales.
k) Opcional: espolvoree virutas de chocolate encima de los napoleones ensamblados para darle una decoración adicional.
l) Enfríe los napoleones en el refrigerador durante al menos 1 hora para permitir que el relleno se asiente y los sabores se mezclen.
m) Sirve los napoleones de chocolate blanco y moca fríos y disfruta de la deliciosa combinación de hojaldre y relleno cremoso.

19. Cuernos de crema de moca

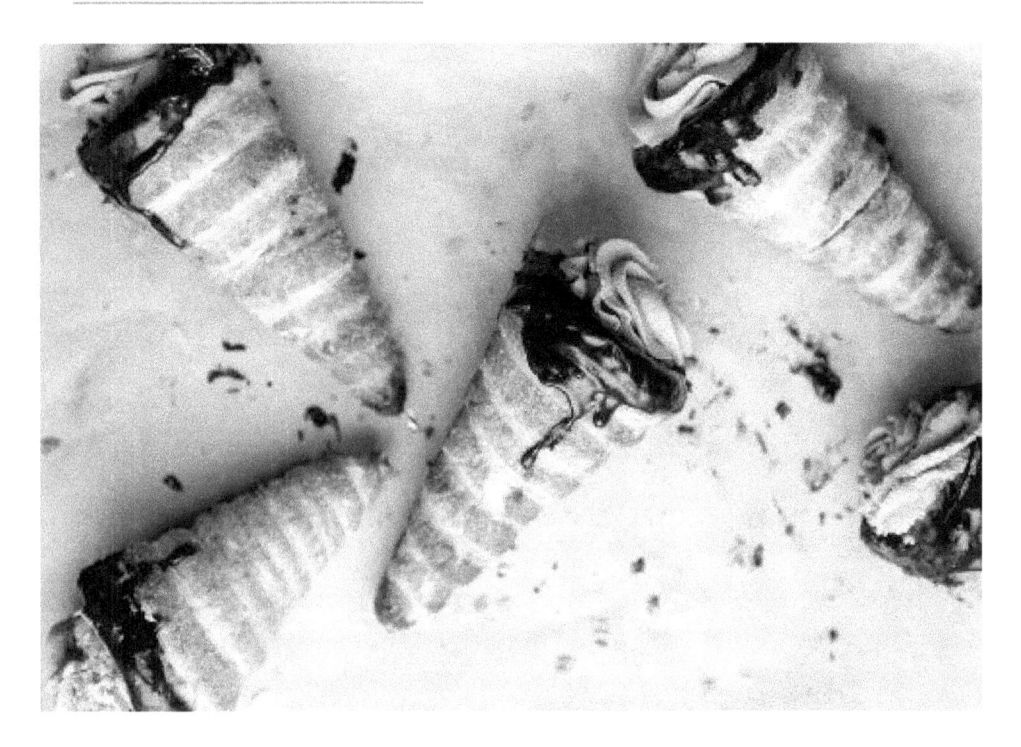

INGREDIENTES:
- 1 paquete de láminas de hojaldre (descongeladas según las instrucciones del paquete)
- 1 taza de crema espesa
- 2 cucharadas de azúcar en polvo
- 1 cucharada de cacao en polvo
- 1 cucharadita de café instantáneo en gránulos
- ½ cucharadita de extracto de vainilla
- ¼ de taza de chispas de chocolate (opcional, para rociar)
- Azúcar en polvo, para espolvorear

INSTRUCCIONES:

a) Precalienta el horno a 200 °C (400 °F) y cubre una bandeja para hornear con papel pergamino.

b) Extienda las láminas de hojaldre sobre una superficie ligeramente enharinada hasta obtener un grosor de aproximadamente ⅛ de pulgada.

c) Corta la masa en triángulos largos y finos. El tamaño y número de triángulos dependerá del tamaño de tus láminas de hojaldre y del tamaño deseado de los cuernos de crema.

d) Tome cada triángulo y gírelo suavemente desde el extremo más ancho hacia la punta, formando un cuerno. Coloque los cuernos con forma en la bandeja para hornear preparada, dejando algo de espacio entre ellos.

e) Hornee los cuernos de masa en el horno precalentado durante unos 12-15 minutos o hasta que estén dorados e inflados. Retirar del horno y dejar enfriar por completo.

f) En un tazón frío, combine la crema espesa, el azúcar en polvo, el cacao en polvo, los gránulos de café instantáneo y el extracto de vainilla. Batir con batidora eléctrica hasta que se formen picos rígidos.

g) Llena una manga pastelera provista de punta de estrella con la mezcla de crema de moca.

h) Corta con cuidado el extremo puntiagudo de cada cuerno de masa enfriado para crear una abertura.

i) Vierta la crema de moca en los cuernos de hojaldre, llenándolos. Comience desde abajo y coloque con un movimiento giratorio hasta llegar a la parte superior.

j) Opcional: En un recipiente apto para microondas, derrita las chispas de chocolate en intervalos de 30 segundos, revolviendo hasta que quede suave. Rocíe el chocolate derretido sobre los cuernos de crema rellenos para darle más decoración.

k) Espolvorea los cuernos de crema rellenos con azúcar en polvo para darle un toque extra.

l) ¡Sirve y disfruta de tus deliciosos cuernos de crema de moca!

20. macarrones de moca

INGREDIENTES:
- 1 ¾ tazas de azúcar en polvo
- 1 taza de harina de almendras
- 3 cucharadas de cacao en polvo sin azúcar
- 2 cucharadas de café instantáneo en gránulos
- 3 claras de huevo grandes
- ¼ taza de azúcar granulada
- ½ cucharadita de extracto de vainilla
- Pizca de sal
- ½ taza de chocolate amargo, derretido (para mojar, opcional)

INSTRUCCIONES:

a) Precalienta el horno a 325 °F (165 °C) y cubre una bandeja para hornear con papel pergamino.

b) En un bol, tamice el azúcar glass, la harina de almendras, el cacao en polvo y el café instantáneo en gránulos. Dejar de lado.

c) En un tazón aparte, bata las claras a velocidad media hasta que estén espumosas.

d) Agrega poco a poco el azúcar granulada, el extracto de vainilla y la sal a las claras sin dejar de batir. Aumente la velocidad a alta y bata hasta que se formen picos rígidos.

e) Incorpora suavemente la mezcla de ingredientes secos a las claras batidas con una espátula. Mezcle hasta que la masa esté suave y bien combinada.

f) Transfiera la masa de macarrones a una manga pastelera con punta redonda.

g) Coloque pequeñas rondas, de aproximadamente 1 pulgada de diámetro, en la bandeja para hornear preparada. Deja un poco de espacio entre cada macarrón.

h) Golpee la bandeja para hornear en la encimera varias veces para liberar las burbujas de aire y aplanar ligeramente los macarrones.

i) Deje que los macarrones reposen a temperatura ambiente durante unos 15 a 30 minutos para que se forme una ligera costra en la superficie.

j) Hornea los macarrones en el horno precalentado durante unos 12-15 minutos o hasta que estén listos y se despeguen fácilmente del papel pergamino.

k) Retire los macarrones del horno y déjelos enfriar completamente en la bandeja para hornear antes de transferirlos a una rejilla.

l) Opcional: una vez que los macarrones estén completamente fríos, sumerja la base de cada macarrón en chocolate amargo derretido. Vuelve a colocarlas sobre el papel pergamino y deja que el chocolate cuaje.

m) Guarde los macarrones de moca en un recipiente hermético a temperatura ambiente hasta por 3 o 4 días.

21.Bolas energéticas de moca

INGREDIENTES:
- 1 taza de dátiles sin hueso
- ½ taza de harina de almendras
- 2 cucharadas de cacao en polvo
- 2 cucharadas de café instantáneo en gránulos
- ¼ de taza de mantequilla de almendras o mantequilla de maní
- ¼ taza de coco rallado (opcional)

INSTRUCCIONES:

a) En un procesador de alimentos, combine los dátiles sin hueso, la harina de almendras, el cacao en polvo y los gránulos de café instantáneo.

b) Pulsa hasta que la mezcla comience a unirse y los dátiles estén bien incorporados.

c) Agregue mantequilla de almendras o mantequilla de maní a la mezcla y presione nuevamente hasta que se forme una masa pegajosa.

d) Enrolle la masa en bolitas con las manos.

e) Si lo deseas, enrolla las bolas energéticas en coco rallado para darle un toque extra.

f) Coloca las bolas energéticas en un recipiente hermético y refrigéralas durante al menos 30 minutos antes de servir.

g) Disfrute de las bolitas energéticas de moca como un refrigerio rápido y energizante para el desayuno.

22. Muffins De Moca

INGREDIENTES:
- 2 tazas de harina para todo uso
- ¾ tazas más 1 cucharada de azúcar
- 2½ cucharaditas de polvo para hornear
- 1 cucharadita de canela
- ½ cucharaditas de sal
- 1 taza de leche
- 2 cucharadas más ½ cucharadita de café instantáneo granulado, cantidad dividida
- ½ taza de mantequilla, derretida
- 1 huevo batido
- 1½ cucharaditas de extracto de vainilla, divididas
- 1 taza de mini chispas de chocolate semidulce, cantidad dividida
- ½ taza de queso crema, ablandado

INSTRUCCIONES:
a) Batir la harina, el azúcar, el polvo para hornear, la canela y la sal en un tazón grande.
b) Mezcle la leche y 2 cucharadas de café granulado en un recipiente aparte hasta que el café se disuelva.
c) Agrega la mantequilla, el huevo y una cucharadita de vainilla; mezclar bien. Agregue los ingredientes secos hasta que estén humedecidos. Incorpora ¾ de taza de chispas de chocolate.
d) Llene los moldes para muffins engrasados o forrados con papel hasta ⅔ de su capacidad. Hornee a 375 grados durante 17 a 20 minutos. Deje enfriar durante 5 minutos antes de retirarlo de los moldes y colocarlo en rejillas.
e) Combine el queso crema y los gránulos de café restantes, la vainilla y las chispas de chocolate en un procesador de alimentos o licuadora. Cubra y procese hasta que esté bien mezclado.
f) Refrigere la crema para untar hasta el momento de servir. Sirva untado a un lado.

23. Bolas de licor de moca sin hornear

INGREDIENTES:
- 2 tazas de migas de galleta de oblea de chocolate
- 1 taza de nueces finamente picadas (como almendras o nueces)
- ½ taza de azúcar en polvo
- 2 cucharadas de cacao en polvo
- ¼ taza de licor de café
- 2 cucharadas de café instantáneo en gránulos
- 2 cucharadas de jarabe de maíz
- Azúcar en polvo para enrollar

INSTRUCCIONES:

a) En un tazón, combine las migas de galleta de chocolate, las nueces picadas, el azúcar en polvo y el cacao en polvo.

b) En un recipiente aparte, disuelva los gránulos de café instantáneo en licor de café.

c) Agrega la mezcla de licor de café y el jarabe de maíz a los ingredientes secos hasta que estén bien combinados.

d) Forma bolitas con la mezcla con las manos.

e) Enrolla las bolas en azúcar en polvo para cubrirlas.

f) Coloca las bolitas de licor de moca en una bandeja para hornear forrada con papel encerado.

g) Deja que las bolitas se endurezcan en el frigorífico durante al menos 1 hora.

h) ¡Sirva frío y disfrute de estas deliciosas bolas de licor de moca sin hornear!

24. Raviolis de mazapán con salsa moca

INGREDIENTES:
PARA LOS RAVIOLIS DE MAZAPÁN:
- 1 paquete de envoltorios cuadrados de wonton
- 8 onzas de mazapán
- ¼ taza de azúcar en polvo
- 1 cucharadita de extracto de vainilla
- 1 huevo batido (para sellar los ravioles)
- Aceite vegetal para freír

PARA LA SALSA DE MOCA:
- 1 taza de crema espesa
- ¼ taza de azúcar granulada
- 2 cucharadas de cacao en polvo sin azúcar
- 1 cucharada de café instantáneo en gránulos
- 1 cucharadita de extracto de vainilla

INSTRUCCIONES:

a) En un tazón, combine el mazapán, el azúcar en polvo y el extracto de vainilla. Mezclar hasta que los ingredientes estén bien combinados y el mazapán esté suave y maleable.

b) Coloque algunos envoltorios de wonton sobre una superficie limpia. Coloque una pequeña cantidad de la mezcla de mazapán en el centro de cada envoltorio, aproximadamente 1 a 2 cucharaditas.

c) Humedece los bordes de los envoltorios de wonton con huevo batido. Dobla una esquina del envoltorio en diagonal sobre el relleno para formar un triángulo. Presione los bordes firmemente para sellar. Repita con los envoltorios restantes de wonton y el relleno de mazapán hasta haberlos usado todos.

d) Lleva una olla con agua a ebullición suave. Coloque con cuidado los ravioles en el agua hirviendo y cocine durante unos 2-3 minutos o hasta que floten hacia la superficie. Retirar con una espumadera y reservar.

e) En una cacerola pequeña, combine la crema espesa, el azúcar granulada, el cacao en polvo, los gránulos de café instantáneo y el extracto de vainilla para la salsa de moca. Calienta a fuego medio, revolviendo constantemente, hasta que la mezcla esté suave y bien combinada.

f) Caliente el aceite vegetal en una sartén honda o freidora a 350 °F (175 °C). Coloque con cuidado los ravioles cocidos en el aceite caliente en tandas y fríalos hasta que estén dorados y crujientes, aproximadamente 2-3 minutos. Retirar del aceite y escurrir sobre toallas de papel.

g) Sirva los ravioles de mazapán calientes, rociados con la salsa de moca. También puedes espolvorear un poco de azúcar en polvo o cacao en polvo encima para una mayor presentación.

25.Trufas De Moca

INGREDIENTES:
- 2 cucharadas de café instantáneo
- 2 cucharadas de azúcar
- 2 cucharadas de agua caliente
- 1 ½ tazas de galletas trituradas (p. ej., galletas integrales, galletas digestivas)
- ½ taza de chocolate derretido (negro, con leche o blanco)
- Cacao en polvo, para espolvorear

INSTRUCCIONES:

a) En un tazón, mezcle el café instantáneo, el azúcar y el agua caliente hasta que esté espeso y espumoso.

b) En un recipiente aparte, mezcle las galletas trituradas y el chocolate derretido hasta que estén bien combinados.

c) Incorpora suavemente la mitad de la mezcla de moca batida.

d) Enrolle la mezcla en bolitas y colóquelas en una bandeja para hornear forrada con papel pergamino.

e) Refrigere durante unos 30 minutos para que se endurezca.

f) Espolvorea las trufas con cacao en polvo antes de servir.

g) Guárdelo en un recipiente hermético en el refrigerador.

26. Bolas energéticas de moca

INGREDIENTES:
- 2 cucharadas de café instantáneo
- 2 cucharadas de azúcar
- 2 cucharadas de agua caliente
- 1 taza de copos de avena
- ½ taza de mantequilla de nueces (p. ej., mantequilla de maní, mantequilla de almendras)
- ¼ de taza de miel o jarabe de arce
- ¼ de taza de linaza molida
- ¼ taza de coco rallado
- ¼ de taza de mini chispas de chocolate

INSTRUCCIONES:

a) En un tazón, mezcle el café instantáneo, el azúcar y el agua caliente hasta que esté espeso y espumoso.

b) En un tazón grande, combine los copos de avena, la mantequilla de nueces, la miel o el jarabe de arce, la linaza molida, el coco rallado y las mini chispas de chocolate.

c) Incorpora suavemente la mitad de la mezcla de moca batida.

d) Mezclar hasta que todos los ingredientes estén bien combinados.

e) Enrolle la mezcla en bolas del tamaño de un bocado.

f) Coloque las bolas energéticas en una bandeja para hornear forrada con papel pergamino.

g) Refrigere durante al menos 30 minutos para que se endurezca.

h) Guárdelo en un recipiente hermético en el refrigerador.

27. Corteza de moca

INGREDIENTES:
- 12 onzas de chocolate blanco, picado
- 1 cucharada de café instantáneo en gránulos
- ½ taza de granos de espresso cubiertos de chocolate triturados
- Una pizca de sal

INSTRUCCIONES:
a) Cubra una bandeja para hornear con papel pergamino.
b) En un recipiente apto para microondas, derrita el chocolate blanco en intervalos de 30 segundos, revolviendo hasta que quede suave.
c) Agrega los gránulos de café instantáneo y una pizca de sal.
d) Extienda la mezcla sobre la bandeja para hornear preparada.
e) Espolvorea los granos de espresso cubiertos de chocolate triturados uniformemente por encima.
f) Déjelo enfriar y póngalo en el refrigerador durante unos 30 minutos.
g) Una vez cuajada, rompa la corteza de moca en pedazos y guárdela en un recipiente hermético.

28. Galletas De Mocha, Almendras Y Mocha

INGREDIENTES:
- 1 taza de mantequilla sin sal, ablandada
- 1 taza de azúcar morena, envasada
- 2 huevos grandes
- 2 cucharadas de café instantáneo en gránulos
- 2 cucharaditas de extracto de almendras
- 2 ½ tazas de harina para todo uso
- ¼ taza de cacao en polvo
- 1 cucharadita de bicarbonato de sodio
- ½ cucharadita de sal
- 1 taza de almendras picadas
- 1 taza de trozos de chocolate

INSTRUCCIONES:
a) Precalienta el horno a 350 °F (175 °C) y cubre una bandeja para hornear con papel pergamino.
b) En un tazón grande, mezcle la mantequilla ablandada y el azúcar moreno hasta que esté suave y esponjoso.
c) Agrega los huevos uno a la vez, mezclando bien después de cada adición.
d) Disuelva los gránulos de café instantáneo en una pequeña cantidad de agua tibia. Agrega esta mezcla de café y el extracto de almendras a los ingredientes húmedos. Mezclar hasta que esté bien combinado.
e) En un recipiente aparte, mezcle la harina, el cacao en polvo, el bicarbonato de sodio y la sal.
f) Agrega poco a poco los ingredientes secos a los ingredientes húmedos, mezclando hasta que se forme una masa.
g) Agrega las almendras picadas y los trozos de chocolate hasta que se distribuyan uniformemente por toda la masa.
h) Con una cuchara o una pala para galletas, deje caer cucharadas redondeadas de masa en la bandeja para hornear preparada, separándolas aproximadamente a 2 pulgadas.
i) Aplana ligeramente cada galleta con el dorso de una cuchara o con los dedos.
j) Hornee en el horno precalentado durante 10 a 12 minutos o hasta que los bordes estén firmes y los centros aún estén ligeramente suaves. Tenga cuidado de no hornear demasiado.
k) Retire las galletas del horno y déjelas enfriar en la bandeja para hornear durante unos minutos antes de transferirlas a una rejilla para que se enfríen por completo.
l) Una vez enfriadas, disfruta de tus galletas caseras de moca, almendras y moca con una taza de tu café o moca favorito.

29.Mocha Brownie

INGREDIENTES:
- 1 taza de mantequilla sin sal
- 2 tazas de azúcar
- 4 huevos grandes
- 1 cucharadita de extracto de vainilla
- 1 taza de harina para todo uso
- ½ taza de cacao en polvo
- ¼ cucharadita de sal
- 2 cucharadas de café instantáneo
- 2 cucharadas de agua caliente

INSTRUCCIONES:

a) Precalienta el horno a 350°F (175°C) y engrasa una fuente para hornear.
b) En un recipiente apto para microondas, derrita la mantequilla.
c) En un recipiente aparte, mezcle el azúcar, los huevos y el extracto de vainilla hasta que estén bien combinados.
d) Agrega la mantequilla derretida a la mezcla de azúcar y revuelve.
e) En otro bol, mezcle la harina, el cacao en polvo y la sal.
f) Agregue gradualmente los ingredientes secos a los ingredientes húmedos, revolviendo hasta que estén combinados.
g) En un tazón pequeño, mezcle el café instantáneo y el agua caliente hasta que esté espumoso.
h) Incorpora suavemente la espuma de café a la masa.
i) Vierta la masa en la fuente para hornear preparada y extiéndala uniformemente.
j) Hornee durante 25-30 minutos o hasta que al insertar un palillo en el centro salga con algunas migas húmedas.
k) ¡Déjalo enfriar, luego córtalo en cuadritos y disfruta de los brownies de moca!

30. Cuadrados de moca

INGREDIENTES:
PRIMERA CAPA:
- 1 taza de harina para todo uso
- ½ taza de azúcar glas
- ½ taza de mantequilla blanda
- 3 cucharaditas de cristales de café instantáneo

SEGUNDA CAPA:
- 2 tazas de azúcar glas
- 1 cucharada de cristales de café instantáneo (disueltos en 2 cucharadas de agua caliente)
- ½ taza de mantequilla blanda
- 1 huevo (ligeramente batido, a temperatura ambiente)
- ½ taza de leche

CAPA SUPERIOR:
- 4 onzas de chocolate blanco (4 cuadritos)
- 1 cucharada de mantequilla (disuelta en agua caliente para engrasar la sartén)

EFECTO MARMOLADO OPCIONAL:
- 2 onzas de chocolate semidulce (2 cuadritos)

INSTRUCCIONES:
PRIMERA CAPA:
a) Precalienta tu horno a 350°F (175°C).
b) Engrase un molde para pastel cuadrado de 8 pulgadas con mantequilla.
c) En un tazón, combine bien la harina para todo uso, el azúcar glas, la mantequilla blanda y los cristales de café instantáneo disueltos en agua caliente. Puedes utilizar un procesador de alimentos o una batidora eléctrica para esto.
d) Presione esta mezcla uniformemente en el fondo del molde engrasado.
e) Hornea en el horno precalentado durante 10 minutos. Luego, enfríe la primera capa sobre una rejilla.

SEGUNDA CAPA:
f) En un tazón grande, combine el azúcar glas, 1 cucharada de cristales de café disueltos en 2 cucharadas de agua caliente, la mantequilla blanda y el huevo ligeramente batido a temperatura ambiente. Puedes utilizar un procesador de alimentos o una batidora eléctrica.
g) En una olla a fuego medio escalda la leche (calienta hasta que aparezcan burbujas por los lados, pero la leche no hierva).

h) Agrega la mezcla del bol a la leche escaldada y calienta durante 7 minutos a fuego medio. Inicialmente, revuelva con frecuencia y luego constantemente hasta que la mezcla comience a burbujear. Baja un poco el fuego si empieza a pegarse al fondo.

i) Deje que la mezcla se enfríe un poco y luego viértala sobre la primera capa enfriada. Incline la sartén para cubrir uniformemente la capa base.

j) Enfriar en el frigorífico durante media hora o hasta que cuaje.

TERCERA CAPA:

k) A baño maría, combine las 4 onzas de chocolate blanco y 1 cucharada de mantequilla. Derretirlos juntos. Alternativamente, puedes derretirlos en el microondas durante 1-1½ minutos a temperatura alta, revolviendo según sea necesario.

l) Extienda la mezcla de chocolate blanco derretido uniformemente sobre la segunda capa fría con una espátula o un cuchillo sin filo. Esta capa será bastante fina.

EFECTO MARMOLADO OPCIONAL:

m) Si desea un efecto veteado, derrita las 2 onzas de chocolate semidulce a baño maría o en el microondas (1-1½ minutos a temperatura alta), revolviendo hasta que quede suave.

n) Vierta el chocolate semidulce derretido en una pequeña bolsa ziplock, ciérrela y corte una esquina con unas tijeras.

o) Exprime líneas horizontales de chocolate semidulce sobre la capa de chocolate blanco.

p) Utilice un cuchillo sin filo para hacer girar los dos chocolates y crear un efecto veteado.

q) Enfríe hasta que la tercera capa esté casi completamente fraguada.

r) Antes de que la tercera capa esté completamente endurecida, corte el postre en barras para servirlo más fácilmente. ¡Disfruta de tus cuadritos de Mocha caseros!

31. de mocha Nanaimo

INGREDIENTES:
PARA LA CAPA INFERIOR:
- ½ taza de mantequilla sin sal
- ⅓ taza de cacao en polvo sin azúcar
- ¼ taza de azúcar granulada
- 1 huevo, ligeramente batido
- 1½ tazas de migajas de galletas Graham
- 1 taza de coco rallado
- ½ taza de nueces, finamente picadas
- 2 cucharadas de leche

PARA LA CAPA MEDIA (RELLENO):
- 3 cucharadas de mantequilla sin sal
- 2 cucharaditas de espresso instantáneo en polvo (o café granulado)
- ½ cucharadita de vainilla
- 2 tazas de azúcar glas (azúcar en polvo)

PARA LA CAPA SUPERIOR (TOPPING):
- 4 onzas de chocolate semidulce, picado en trozos grandes
- 1 cucharada de mantequilla sin sal
- ½ cucharadita de espresso instantáneo en polvo

INSTRUCCIONES:
PREPARAR LA CAPA INFERIOR:

a) En una cacerola pesada, combine la mantequilla, el cacao, el azúcar granulada y el huevo ligeramente batido. Cocine a fuego lento, revolviendo, hasta que la mantequilla se derrita.

b) Retire la cacerola del fuego y agregue las migas de galleta Graham, el coco rallado, las nueces y la leche. Mezclar hasta que esté bien combinado.

c) Presione esta mezcla uniformemente en un molde para pastel cuadrado engrasado de 9 pulgadas.

d) Hornee en horno precalentado a 350°F (180°C) durante 10 a 12 minutos o hasta que la base esté firme.

e) Deja que la base se enfríe completamente sobre una rejilla.

PREPARAR LA CAPA MEDIA (RELLENO):

f) En una cacerola pequeña, caliente la leche, 3 cucharadas de mantequilla, el espresso instantáneo en polvo y la vainilla a fuego lento hasta que la mantequilla se derrita y el espresso en polvo se disuelva.

g) Transfiera esta mezcla a un tazón y déjela enfriar.

h) Incorpora el azúcar glas hasta que la mezcla espese y quede suave.

i) Extienda este relleno uniformemente sobre la base enfriada.

j) Refrigera por unos 45 minutos o hasta que el relleno esté firme.

k) Prepare la capa superior (cobertura):

l) En la parte superior de un baño maría sobre agua caliente (no hirviendo), derrita el chocolate semidulce, 1 cucharada de mantequilla y ½ cucharadita de espresso instantáneo en polvo.

m) Una vez derretida y suave, esparza esta mezcla de chocolate uniformemente sobre la capa de relleno.

PASOS FINALES:

n) Use un cuchillo afilado para marcar la capa superior de chocolate en barras. Esto hace que sea más fácil cortarlo más tarde.

o) Refrigere las barras hasta que la capa superior esté firme.

p) Cortar en barras a lo largo de las líneas marcadas.

32.de moca con chocolate blanco

INGREDIENTES:
PARA LA SALSA:
- ⅔ taza de crema para batir
- ¼ de taza de Café Godiva Special Roast preparado (temperatura ambiente)
- 5 onzas de chocolate blanco importado, picado
- ⅛ cucharadita de nuez moscada molida

PARA LOS BROWNIES:
- 1 ½ barra (12 cucharadas) de mantequilla sin sal
- 4 ½ onzas de chocolate sin azúcar, picado
- 2 cucharadas de Café Godiva Special Roast preparado (temperatura ambiente)
- ½ cucharadita de canela molida
- 1 ½ tazas de azúcar
- 3 huevos grandes
- ¾ taza de harina para todo uso
- 3 onzas de chocolate agridulce o semidulce, picado en trozos grandes
- ½ taza de avellanas tostadas picadas (sin piel)
- Rizos de chocolate agridulce (para decorar)
- Azúcar glas (para decorar)

INSTRUCCIONES:
PARA LA SALSA:
a) En una cacerola pequeña y pesada, hierva a fuego lento la crema para batir y el Café Godiva Special Roast.
b) Agrega el chocolate blanco picado y revuelve a fuego lento hasta que la mezcla esté suave y comience a espesarse.
c) Agrega la nuez moscada molida y revuelve. (La salsa se puede preparar con un día de anticipación. Cubra y enfríe. Antes de servir, vuelva a calentarla a fuego lento hasta que se derrita).

PARA LOS BROWNIES:
d) Coloque una rejilla en el tercio inferior del horno y precaliéntela a 350 grados F (175 ° C).
e) Forre un molde para hornear cuadrado de 9 pulgadas con lados de 2 pulgadas de alto con papel de aluminio, permitiendo que el papel de aluminio se superponga a los lados. Unte con mantequilla y enharine el papel de aluminio.

f) En una cacerola mediana y pesada, mezcle los primeros cuatro ingredientes (mantequilla, chocolate sin azúcar, Café Godiva Special
g) Asada y canela molida) a fuego lento hasta que la mezcla esté suave. Déjelo enfriar un poco.
h) Incorpora 1 ½ taza de azúcar y los huevos.
i) Agrega la harina, seguido del chocolate agridulce picado y las avellanas picadas.
j) Transfiera la masa de brownie al molde preparado.
k) Hornee hasta que al insertar un probador en el centro salga con migas húmedas adheridas, aproximadamente 30 minutos. Deja que los brownies se enfríen sobre una rejilla. (Se pueden preparar con hasta 8 horas de anticipación).

ARMAR LAS PORCIONES:
l) Utilice los lados del papel de aluminio como ayuda para levantar el brownie del molde. Dobla hacia abajo los lados del papel de aluminio.
m) Con un cortador de galletas redondo de 3 ¾ de pulgada, corte 4 rondas del brownie y guarde los restos para otro uso.
n) Coloque una ronda de brownie en cada plato.
o) Cubre cada brownie con rizos de chocolate.
p) Vierta la salsa tibia de chocolate blanco alrededor de los brownies.
q) Tamice el azúcar glass sobre cada porción.
r) ¡Disfruta de tus deliciosos brownies de moca con salsa de chocolate blanco!

33. Pisos Moca

INGREDIENTES:
- 2 cuadritos de chocolate sin azúcar
- 2 tazas de harina para todo uso
- 1 cucharadita de canela
- ¼ cucharadita de sal
- ½ taza de manteca
- ½ taza de mantequilla
- ½ taza de azúcar blanca
- ½ taza de azúcar moreno envasada
- 1 cucharada de cristales de café instantáneo
- 1 cucharadita de agua
- 1 huevo
- 1 ½ tazas de trozos de chocolate semidulce
- 3 cucharadas de manteca

PARA EL GLASEADO:
- 1 ½ tazas de trozos de chocolate semidulce
- 3 cucharadas de manteca

INSTRUCCIONES:

a) En una cacerola pequeña y pesada, caliente y revuelva el chocolate sin azúcar hasta que se derrita en agua caliente a baño maría. Retirar del fuego y dejar enfriar un poco.

b) En un recipiente aparte, mezcle la harina, la canela y la sal.

c) En un tazón grande, bata ½ taza de manteca vegetal y la mantequilla con una batidora eléctrica a velocidad media hasta que la mantequilla se ablande.

d) Agrega el azúcar blanca y el azúcar moreno y bate hasta que la mezcla esté esponjosa.

e) Disuelva los cristales de café instantáneo en el agua, luego agregue la mezcla de café, el chocolate derretido y el huevo a la mezcla de mantequilla. Golpea bien.

f) Agrega la mezcla de harina y bate hasta que todo esté bien mezclado.

g) Cubre la masa y déjala enfriar durante aproximadamente 1 hora o hasta que sea fácil de manipular.

h) Forme dos rollos de 7 pulgadas con la masa. Envuélvelos y déjalos enfriar durante al menos 6 horas o toda la noche.

i) Corta la masa fría en rodajas de ¼ de pulgada.

j) Coloque las rebanadas en una bandeja para hornear sin engrasar y hornee a 350°F (175°C) durante 8 o 9 minutos.

k) Retire las galletas del horno y transfiéralas a una rejilla para que se enfríen.

PARA EL GLASEADO:

l) En una cacerola pequeña y pesada, caliente y revuelva los trozos de chocolate semidulce y 3 cucharadas de manteca a fuego lento hasta que se derrita.

m) Sumerge la mitad de cada galleta en la mezcla de chocolate.

n) Coloca las galletas sobre papel encerado hasta que el chocolate cuaje.

o) ¡Disfruta de tus deliciosos Mocha Flats!

34. de moca con chocolate amargo

INGREDIENTES:
- 1 taza de mantequilla, a temperatura ambiente
- ½ taza de azúcar fina (el azúcar de remolacha funciona bien)
- ⅛ cucharadita de vainilla en polvo
- 4 cucharaditas de café de cebada finamente molido (o café instantáneo)
- 1 ¾ tazas de harina para todo uso
- ¼ de taza de arrurruz en polvo (o almidón de su elección)
- 150 g de chocolate negro, derretido

INSTRUCCIONES:

a) En un tazón grande, mezcle la mantequilla a temperatura ambiente y el azúcar fina durante aproximadamente un minuto hasta que estén bien combinados.

b) Incorpora el café de cebada finamente molido (o café instantáneo) y la vainilla en polvo a la mezcla de mantequilla y azúcar.

c) En un recipiente aparte, tamice la harina para todo uso y el polvo de arrurruz (o su almidón preferido).

d) Agregue la mezcla de harina a la mezcla de mantequilla y combine con las manos. Amasar la mezcla hasta formar una masa. Inicialmente, la mezcla puede parecer seca, pero con unos minutos de amasado, se convertirá en una bola de masa cohesiva.

e) Forme una bola con la masa, cúbrala con film transparente y refrigere durante al menos 1 hora, o toda la noche si lo prefiere.

f) Precalienta el horno a 325 °F (165 °C) y cubre una bandeja para hornear con papel pergamino.

g) Moldee la masa fría en forma de granos de café, usando aproximadamente 2 cucharaditas de masa para cada galleta.

h) Con el dorso de un cuchillo, presione ligeramente una marca longitudinal en la parte superior de cada galleta. Tenga cuidado de no presionar demasiado, ya que las galletas se esparcirán durante el horneado.

i) Transfiera las galletas con forma a la bandeja para hornear preparada y hornee en el horno precalentado durante 15 minutos.

j) Retire las galletas del horno y deslice el papel pergamino con las galletas sobre rejillas para que se enfríen.

k) Mientras las galletas se enfrían, derrita el chocolate amargo a baño maría o en el microondas.

l) Sumerge un extremo de cada galleta en el chocolate amargo derretido.

m) Coloque las galletas bañadas en chocolate en platos forrados con papel pergamino y refrigere hasta que el chocolate se endurezca.

n) Una vez que el chocolate se haya endurecido, sirva y saboree la deliciosa combinación de galletas de mantequilla con infusión de moca y rico chocolate amargo.

35. Galletas De Moca De Chocolate Blanco

INGREDIENTES:
- 1 taza de mantequilla sin sal, ablandada
- 1 taza de azúcar granulada
- 2 huevos grandes
- 2 cucharaditas de café instantáneo en gránulos
- 2 cucharaditas de extracto de vainilla
- 2 ½ tazas de harina para todo uso
- ½ taza de cacao en polvo
- 1 cucharadita de bicarbonato de sodio
- ½ cucharadita de sal
- 1 taza de chispas de chocolate blanco

INSTRUCCIONES:

a) Precalienta el horno a 350 °F (175 °C) y cubre una bandeja para hornear con papel pergamino.

b) En un tazón grande, mezcle la mantequilla ablandada y el azúcar granulada hasta que esté suave y esponjosa.

c) Agrega los huevos uno a la vez, mezclando bien después de cada adición.

d) Disuelva los gránulos de café instantáneo en una pequeña cantidad de agua caliente. Agrega esta mezcla de café y el extracto de vainilla a los ingredientes húmedos. Mezclar hasta que esté bien combinado.

e) En un recipiente aparte, mezcle la harina, el cacao en polvo, el bicarbonato de sodio y la sal.

f) Agrega poco a poco los ingredientes secos a los ingredientes húmedos, mezclando hasta que se forme una masa.

g) Agrega las chispas de chocolate blanco hasta que se distribuyan uniformemente por toda la masa.

h) Con una cuchara o una pala para galletas, deje caer cucharadas redondeadas de masa en la bandeja para hornear preparada, separándolas aproximadamente a 2 pulgadas.

i) Aplana ligeramente cada galleta con el dorso de una cuchara o con los dedos.

j) Hornee en el horno precalentado durante 10 a 12 minutos o hasta que los bordes estén firmes y los centros aún estén ligeramente suaves. Tenga cuidado de no hornear demasiado.

k) Retire las galletas del horno y déjelas enfriar en la bandeja para hornear durante unos minutos antes de transferirlas a una rejilla para que se enfríen por completo.

l) Una vez enfriadas, deléitese con estas deliciosas galletas de chocolate blanco y moca con una taza de café o moca.

36. Rotaciones de moca

INGREDIENTES:
- 1 paquete de láminas de hojaldre (descongeladas)
- ¼ de taza de café instantáneo granulado
- ¼ de taza de agua caliente
- ¼ taza de azúcar granulada
- 1 taza de crema espesa
- ½ taza de chispas de chocolate
- 1 huevo (para batir huevos)
- Azúcar en polvo (para espolvorear)

INSTRUCCIONES:
a) Precalienta el horno a 375 °F (190 °C) y cubre una bandeja para hornear con papel pergamino.
b) Disolver los gránulos de café instantáneo en agua caliente y dejar enfriar.
c) En un recipiente aparte, bata la crema espesa y el azúcar granulada hasta que se formen picos rígidos.
d) Agrega la mezcla de café a la crema batida y mezcla hasta que esté bien combinado.
e) Estirar el hojaldre y cortarlo en cuadrados o rectángulos.
f) Coloque una cucharada de crema batida de café y una pizca de chispas de chocolate en la mitad de cada cuadrado de masa.
g) Doblar la masa y sellar los bordes presionando con un tenedor.
h) Pincelar las empanadillas con huevo batido y hornear durante unos 15-20 minutos o hasta que estén doradas.
i) Espolvoree con azúcar en polvo antes de servir.

37. de moca y pistacho

INGREDIENTES:
- 1 sobre de mezcla de café Mocha (0,77 onzas) de un paquete de 2,65 onzas
- 1 cucharada de agua
- ¾ taza de mantequilla o margarina blanda
- ½ taza de azúcar en polvo
- 2 tazas de harina para todo uso
- 1 taza de pistachos, picados
- 1 onza de chocolate semidulce
- 1 cucharadita de manteca

INSTRUCCIONES:
a) Precalienta el horno a 350 grados Fahrenheit (175 grados Celsius).
b) Disuelva la mezcla de café Mocha en agua en un tazón mediano.
c) Agregue la mantequilla blanda (o margarina) y el azúcar en polvo.
d) Agrega la harina para todo uso y ½ taza de pistachos picados a la mezcla. Puede usar las manos si es necesario para mezclar hasta que se forme una masa firme.
e) Divide la masa en dos mitades.
f) Forme una bola con cada mitad y luego dé golpecitos a cada bola para formar una ronda de 6 pulgadas, aproximadamente ½ pulgada de grosor, sobre una superficie ligeramente enharinada.
g) Corta cada ronda en 16 gajos.
h) Coloque las rodajas en una bandeja para hornear sin engrasar con aproximadamente ½ pulgada de espacio entre ellas y apunte los extremos hacia el centro.
i) Hornee durante unos 15 minutos o hasta que las galletas de mantequilla estén doradas.
j) Retire inmediatamente las galletas de la bandeja para hornear y déjelas enfriar completamente sobre rejillas.
k) Coloque la ½ taza restante de pistachos picados en un plato pequeño.
l) En un recipiente pequeño aparte para microondas, coloque el chocolate semidulce y la manteca vegetal.
m) Cocine en el microondas sin tapar a potencia media durante 3 a 4 minutos, revolviendo después de 2 minutos. La mezcla debe volverse suave y tener una consistencia líquida.
n) Sumerge un borde de cada galleta en el chocolate derretido y luego en los pistachos picados.
o) Coloca las galletas sobre papel encerado hasta que el chocolate se haya cuajado y esté firme.

38.Danés de moca

INGREDIENTES:
- 1 hoja de hojaldre (descongelada)
- ¼ taza de queso crema
- 2 cucharadas de café instantáneo en gránulos
- 2 cucharadas de azúcar en polvo
- ¼ taza de nueces picadas (opcional)
- ¼ de taza de chispas de chocolate
- 1 huevo (para batir huevos)

INSTRUCCIONES:

a) Precalienta el horno a 375 °F (190 °C) y cubre una bandeja para hornear con papel pergamino.

b) Estirar el hojaldre y cortarlo en cuadrados o rectángulos.

c) En un tazón pequeño, mezcle el queso crema, los gránulos de café instantáneo y el azúcar en polvo hasta que estén bien combinados.

d) Unta una cucharada de la mezcla de café y queso crema sobre cada trozo de hojaldre.

e) Espolvoree nueces picadas (si las usa) y chispas de chocolate encima.

f) Pincelamos los bordes de los pasteles con huevo batido.

g) Hornee durante unos 15-20 minutos o hasta que los pasteles estén dorados.

h) Déjalos enfriar un poco antes de servir tus moca danesa.

# 39. Galletas De Moca

INGREDIENTES:
- 2 cucharadas de café instantáneo
- 2 cucharadas de azúcar
- 2 cucharadas de agua caliente
- ½ taza de mantequilla sin sal, ablandada
- ½ taza de azúcar granulada
- ½ taza de azúcar moreno
- 1 huevo
- 1 cucharadita de extracto de vainilla
- 2 tazas de harina para todo uso
- ½ cucharadita de polvo para hornear
- ½ cucharadita de bicarbonato de sodio
- ½ cucharadita de sal
- 1 taza de chispas de chocolate

INSTRUCCIONES:

a) En un tazón, mezcle el café instantáneo, el azúcar y el agua caliente hasta que esté espeso y espumoso.

b) Precalienta el horno a 350 °F (175 °C) y cubre una bandeja para hornear con papel pergamino.

c) En un tazón grande, mezcle la mantequilla blanda, el azúcar granulada y el azúcar moreno.

d) Batir el huevo y el extracto de vainilla hasta que estén bien combinados.

e) En un recipiente aparte, mezcle la harina, el polvo para hornear, el bicarbonato de sodio y la sal.

f) Agregue gradualmente los ingredientes secos a los ingredientes húmedos, mezclando hasta que estén combinados.

g) Incorpora suavemente la mitad de la mezcla de moca batida.

h) Incorpora las chispas de chocolate.

i) Deje caer cucharadas redondeadas de masa sobre la bandeja para hornear preparada.

j) Hornee durante 10-12 minutos o hasta que los bordes estén dorados.

k) Deje que las galletas se enfríen en la bandeja para hornear durante unos minutos, luego transfiéralas a una rejilla para que se enfríen por completo.

40. Galletas De Avena Y Moca

INGREDIENTES:
- 1 taza de mantequilla sin sal, ablandada
- 1 taza de azúcar morena, envasada
- 2 huevos grandes
- 2 cucharadas de espresso instantáneo en polvo
- 1 cucharadita de extracto de vainilla
- 1 ½ tazas de avena pasada de moda
- 1 ½ tazas de harina para todo uso
- ½ cucharadita de bicarbonato de sodio
- ½ cucharadita de sal
- 1 taza de chispas de chocolate semidulce

INSTRUCCIONES:
a) Precalienta el horno a 350 °F (175 °C) y cubre una bandeja para hornear con papel pergamino.
b) En un tazón grande, mezcle la mantequilla ablandada y el azúcar moreno hasta que esté suave y esponjoso.
c) Agrega los huevos uno a la vez, mezclando bien después de cada adición.
d) Disuelva el espresso instantáneo en polvo en una pequeña cantidad de agua caliente. Agrega esta mezcla de espresso y el extracto de vainilla a los ingredientes húmedos. Mezclar hasta que esté bien combinado.
e) En un recipiente aparte, combine la avena, la harina, el bicarbonato de sodio y la sal.
f) Agrega poco a poco los ingredientes secos a los ingredientes húmedos, mezclando hasta que se forme una masa.
g) Agrega las chispas de chocolate semidulce hasta que se distribuyan uniformemente por toda la masa.
h) Con una cuchara o una pala para galletas, deje caer cucharadas redondeadas de masa en la bandeja para hornear preparada, separándolas aproximadamente a 2 pulgadas.
i) Aplana ligeramente cada galleta con el dorso de una cuchara o con los dedos.
j) Hornee en el horno precalentado durante 10 a 12 minutos o hasta que los bordes estén firmes y los centros aún estén ligeramente suaves. Tenga cuidado de no hornear demasiado.
k) Retire las galletas del horno y déjelas enfriar en la bandeja para hornear durante unos minutos antes de transferirlas a una rejilla para que se enfríen por completo.
l) Una vez enfriadas, disfruta de estas deliciosas galletas de avena y moca con una taza de café caliente o tu moca favorito.

41. Galletas con chispas de chocolate, moca y caramelo

INGREDIENTES:
- 6 onzas de mantequilla sin sal, ligeramente blanda
- 5 ¼ onzas de azúcar granulada
- 6 onzas de azúcar moreno claro
- 2 huevos grandes
- 1 cucharadita de extracto de vainilla
- 11 ¼ onzas de harina para todo uso sin blanquear
- 1 cucharadita de bicarbonato de sodio
- 1 cucharadita de sal
- ⅛ cucharadita de café expreso en polvo
- ¼ cucharadita de canela molida
- 7 onzas de trozos de chocolate agridulce
- 7 onzas de chips de moca
- 3 onzas de trozos de caramelo

INSTRUCCIONES:
a) Precalienta tu horno a 350 grados F (175 grados C).
b) En el tazón de una batidora de pie, usando el accesorio de paleta, mezcle la mantequilla ligeramente ablandada, el azúcar granulada y el azúcar moreno claro a velocidad media durante aproximadamente dos minutos hasta que la mezcla esté cremosa y bien combinada.
c) Agrega los huevos, uno a la vez, y bate cada vez hasta que estén completamente incorporados.
d) Agrega el extracto de vainilla y bate hasta que la mezcla esté bien mezclada.
e) En un tazón mediano aparte, mezcle la harina para todo uso sin blanquear, el bicarbonato de sodio, la sal, el espresso en polvo y la canela molida.
f) Agrega poco a poco los ingredientes secos a la mezcla de mantequilla y azúcar. Mezcle inicialmente con una espátula y luego cambie al accesorio de paleta, mezclando hasta que los ingredientes secos se incorporen a la masa.
g) Incorpora suavemente los trozos de chocolate agridulce, los chips de moca y los trozos de caramelo hasta que se distribuyan uniformemente por toda la masa.
h) Forre sus bandejas para hornear con papel pergamino. Con una cuchara para hornear o una cucharada normal, deje caer la masa para galletas en montículos sobre las bandejas para hornear, espaciándolas aproximadamente dos pulgadas.
i) Hornea las galletas una hoja a la vez en el horno precalentado durante aproximadamente 12 minutos, o hasta que los bordes estén ligeramente dorados. Los centros aún deben estar ligeramente blandos.
j) Retira las galletas del horno y déjalas enfriar sobre una rejilla.
k) Una vez enfriadas, estas galletas con chispas de chocolate, moca y caramelo están listas para disfrutar. ¡Son una deliciosa mezcla de chocolate, moca y caramelo en cada bocado!

42. Velas de mantequilla de moca

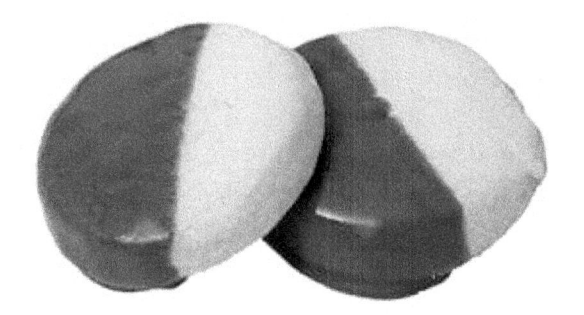

INGREDIENTES:
PARA LAS GALLETAS:
- 2 cucharadas de café instantáneo en polvo
- 1¾ tazas de harina para todo uso
- 2 cucharadas de harina para todo uso
- ⅛ cucharadita de levadura en polvo
- ¾ cucharadita de sal
- 6 cucharadas de azúcar
- 3 cucharadas de azúcar moreno claro
- 1 cucharadita de canela molida
- 1 taza de mantequilla sin sal, fría, cortada en cubos de 1 pulgada
- 1 cucharada de café fuerte preparado
- ¼ cucharadita de extracto de vainilla

PARA EL GLASEADO:
- 7 onzas de chocolate agridulce
- 1½ tazas de almendras tostadas, finamente picadas

INSTRUCCIONES:
PARA LAS GALLETAS:

a) Coloque el café instantáneo, la harina para todo uso, el polvo para hornear, la sal, ambos azúcares y la canela molida en un procesador de alimentos y procese durante 5 segundos.

b) Distribuya los cubos de mantequilla fría sobre la mezcla de harina en el procesador de alimentos y procese hasta que la mezcla parezca una harina gruesa, aproximadamente 10 segundos.

c) Con el procesador de alimentos en funcionamiento, vierte el café preparado y el extracto de vainilla a través del tubo de alimentación. Procese hasta que la mezcla se una, aproximadamente 45 segundos. Detenga la máquina una vez durante la mezcla para raspar el recipiente con una espátula de goma.

d) Coloque la masa entre dos trozos de plástico y extiéndala para formar un cuadrado de 10 pulgadas y ⅜ de pulgada de grosor. Desliza este cuadrado sobre una bandeja para hornear y refrigéralo por 45 minutos.

e) Precalienta el horno a 300 grados Fahrenheit (150 grados Celsius). Forre varias bandejas para hornear con papel pergamino o engrase ligeramente con aceite vegetal.

f) Corta la masa fría en 25 cuadrados y luego corta cada cuadrado por la mitad en diagonal para formar triángulos.

g) Con una espátula, transfiera con cuidado los triángulos a las bandejas para hornear preparadas, dejando aproximadamente 1-½ pulgadas entre cada galleta.

h) Hornea las galletas hasta que estén ligeramente doradas y firmes al tacto, aproximadamente de 25 a 30 minutos. Una vez horneadas, transfiera las galletas a una rejilla para que se enfríen.

PARA EL GLASEADO:

i) Derretir el chocolate agridulce en la parte superior de un baño maría colocado sobre agua hirviendo.

j) Coloca las almendras finamente picadas en un tazón pequeño.

k) Cuando las galletas se hayan enfriado, sumerja la base de cada triángulo aproximadamente ¾ de pulgada de profundidad en el chocolate derretido y luego en las almendras picadas.

l) Deja las galletas a un lado sobre papel pergamino, papel encerado o papel de aluminio y déjalas reposar durante varias horas. Puedes acelerar el proceso de fraguado colocando las galletas en el frigorífico.

m) Si planeas disfrutar las galletas el primer día, puedes colocarlas en un plato o dejarlas en la bandeja para hornear. Después de eso, coloque las galletas en capas en un recipiente hermético, usando papel film, pergamino o papel encerado entre las capas, y guarde el recipiente en el congelador por hasta 2 semanas.

n) Deje las galletas a temperatura ambiente antes de servir.

POSTRE

43. Mousse De Moca Y Avellanas

INGREDIENTES:
- 1 taza de crema espesa
- ¼ taza de azúcar en polvo
- 2 cucharadas de cacao en polvo
- 2 cucharadas de café instantáneo en gránulos
- 1 cucharadita de extracto de vainilla
- ¼ de taza de crema de avellanas (como Nutella)
- Crema batida y avellanas trituradas para decorar (opcional)

INSTRUCCIONES:

a) En un tazón, bata la crema espesa, el azúcar en polvo, el cacao en polvo, el café instantáneo y el extracto de vainilla hasta que se formen picos suaves.

b) Incorpora suavemente la crema de avellanas hasta que esté bien combinada.

c) Divida la mezcla de mousse en vasos o tazones para servir.

d) Refrigere durante al menos 2 horas para permitir que la mousse se asiente.

e) Antes de servir, decore con una cucharada de crema batida y una pizca de avellanas trituradas, si lo desea.

44. Bagatela de moca y frambuesa

INGREDIENTES:
- 1 libra de bizcocho de chocolate
- ⅓ taza de Kahlua
- 1 libra de frambuesas, frescas o congeladas
- 3½ onzas de chocolate amargo
- 1⅓ taza de crema para batir
- 4 yemas de huevo
- ¼ taza de maicena
- ¾ taza de azúcar
- 1½ taza de leche
- 1 cucharada de café instantáneo en polvo
- 1 cucharada de agua caliente
- 2 cucharaditas de vainilla
- 1⅓ taza de crema para batir

INSTRUCCIONES:

a) Corta el pastel en 10-12 rebanadas. Coloque la mitad de las rodajas en un bol pequeño. Espolvoree uniformemente con la mitad de Kahlua, cubra con la mitad de las frambuesas, espolvoree con ⅓ del chocolate y unte con la mitad de las natillas. Repetir capas.

b) Decora con crema batida, el chocolate amargo restante y más frambuesas. Natillas de café: Batir las yemas de huevo, la maicena y el azúcar en una sartén hasta que quede suave. Calienta la leche en una sartén aparte y agrega gradualmente la mezcla de yemas de huevo. Cocine, revolviendo constantemente hasta que la mezcla hierva y espese.

c) Agregue la combinación de café, agua y vainilla, cubra la superficie con una envoltura de plástico para evitar que se forme piel y deje enfriar a temperatura ambiente. Batir la crema para batir hasta que se formen picos suaves e incorporar a la crema pastelera.

45. Sándwiches de helado de moca y almendras

INGREDIENTES:
- 1 ½ tazas de harina para todo uso
- ¼ de taza de cacao en polvo sin azúcar
- ½ cucharadita de bicarbonato de sodio
- ¼ cucharadita de sal
- ½ taza de mantequilla sin sal, ablandada
- ½ taza de azúcar granulada
- ½ taza de azúcar moreno envasada
- 1 huevo grande
- 1 cucharadita de extracto de vainilla
- 1 cucharada de café instantáneo en gránulos
- ½ taza de almendras picadas
- 1 litro de helado de moca o chocolate

INSTRUCCIONES:

a) Precalienta el horno a 375 °F (190 °C) y cubre una bandeja para hornear con papel pergamino.

b) En un bol, mezcle la harina, el cacao en polvo, el bicarbonato de sodio y la sal.

c) En un tazón aparte, mezcle la mantequilla ablandada, el azúcar granulada y el azúcar moreno hasta que esté suave y esponjoso. Agrega el huevo y el extracto de vainilla y mezcla hasta que estén bien combinados.

d) Disuelva los gránulos de café instantáneo en 1 cucharada de agua caliente. Agregue la mezcla de café a la mezcla de mantequilla y mezcle hasta que se incorpore uniformemente.

e) Agregue gradualmente los ingredientes secos a la mezcla de mantequilla y mezcle hasta que estén combinados. Agrega las almendras picadas.

f) Deje caer cucharadas redondeadas de masa en la bandeja para hornear preparada, espaciándolas aproximadamente a 2 pulgadas de distancia. Aplana ligeramente cada bola de masa con la palma de tu mano.

g) Hornee durante 10-12 minutos o hasta que los bordes estén firmes. Deja que las galletas se enfríen por completo.

h) Tome una bola de helado de moca o chocolate y colóquela entre dos galletas.

i) Coloque los sándwiches de helado en el congelador durante al menos 1 hora para que se endurezcan antes de servir.

46. Pastel de tiramisú de mocha mambo

INGREDIENTES:
- Paquete de 10,75 onzas de bizcocho bajo en grasa
- ⅓ taza de café expreso enfriado o café de doble concentración
- 1 cuarto de helado Starbucks de Mocha Mambo bajo en grasa; suavizado
- 2 cucharaditas de café o espresso Starbucks finamente molido
- 2 tazas de cobertura batida congelada sin grasa
- 8 granos de café cubiertos de chocolate para decorar

INSTRUCCIONES:
a) Forre un molde para pan de 9x5 pulgadas con papel film. Corta el bizcocho horizontalmente en cuatro rebanadas. Coloque una capa de bizcocho en un molde para pan, cortando el pastel para que quepa, si es necesario.

b) Rocíe el pastel con un tercio de ⅓ de taza de café expreso o café enfriado; unte ⅓ cuarto de Starbucks Low Fat Mocha Mambo Ice

c) Crema para cubrir el bizcocho de manera uniforme; repita dos veces con el resto del pastel, el espresso y el helado, y termine con el bizcocho.

d) Cubra el pastel y congélelo hasta que esté firme (aproximadamente 2-3 horas).

e) Para servir, retire el pan y el film transparente del molde.

f) Agrega el espresso finamente molido a la cobertura batida. Cubre la parte superior y los lados del pan con la mezcla.

g) Adorne con granos de café cubiertos de chocolate.

47. Paletas de vainilla y moca

INGREDIENTES:
- ½ cucharadita de extracto de vainilla, puro
- 4 cucharadas de mantequilla, sin sal
- 2 cucharadas de crema espesa
- ½ cucharadita de extracto de café
- ½ cucharada de cacao en polvo, sin azúcar
- 4 cucharadas de aceite de coco
- Stevia al gusto

INSTRUCCIONES:

a) Para comenzar, coloca la mantequilla en un recipiente apto para microondas y caliéntala hasta que se vuelva líquida. Agrega la crema hasta que esté bien incorporada. Retírelo a un lugar seguro para que se enfríe.

b) Una vez que se haya enfriado, agregue el extracto de vainilla y combine bien. Rellena los moldes para paletas con esta mezcla. Deja que se endurezca en el frigorífico durante unos 30 minutos. En un recipiente aparte, combine el extracto de café, el aceite de coco, el cacao en polvo y la stevia hasta que estén bien combinados y suaves.

c) Saca la vaina de vainilla del refrigerador y vierte la mezcla de moca sobre ella. Después de haber agregado los palitos de paleta, colóquelos en el congelador durante 20 a 30 minutos antes de servir.

48.Panna Cotta De Moca

INGREDIENTES:
- 400 ml de agua
- 800 ml de nata líquida
- 200 ml de azúcar
- 2 cucharaditas de chocolate caliente en polvo
- 2 cucharaditas de café
- Gelatina
- licor de cafe
- Extracto de vainilla

INSTRUCCIONES:

a) Remojar la gelatina y dejarla en agua durante 10min. Hervir los 200ml de agua y añadir dos cucharadas de café y 100ml de azúcar o más (al gusto), apagar el fuego y añadir poco a poco 400ml de nata líquida sin dejar de remover bien.

b) Agrega un poco de vainilla y la mitad de la gelatina remojada. Asegúrate de que el líquido esté bien mezclado y viértelo en una taza o vaso que te guste.

c) Déjalo en la nevera durante 2 horas.

d) Luego haz lo mismo pero en lugar de café, agrega chocolate caliente al agua. Cuando la capa de café esté lo suficientemente fría poner encima la de chocolate y dejar reposar 2-3 horas más.

e) Necesitas dos capas transparentes separadas, una de café y otra de chocolate caliente.

f) Agregue encima una porción de té de licor de café y disfrute del sabor frío a moca.

49. Panna cotta de almendras con salsa de moca

INGREDIENTES:
- 1 taza de almendras enteras blanqueadas, tostadas
- ⅔ taza de azúcar
- 1 sobre de gelatina sin sabor
- 2 tazas de crema para batir
- ½ taza de leche
- ⅛ cucharadita de sal
- Almendras laminadas, tostadas

SALSA MOCA
- 4 onzas de chocolate agridulce o semidulce picado
- ⅔ taza de crema para batir
- ¼ de taza) de azúcar
- 1 cucharadita de café espresso instantáneo en polvo

INSTRUCCIONES:

a) Coloca las almendras enteras en un procesador de alimentos. Cubra y procese hasta obtener una mantequilla suave; dejar de lado.

b) En una cacerola mediana mezcle el azúcar y la gelatina. Agrega la crema. Cocine y revuelva a fuego medio hasta que la gelatina se disuelva. Alejar del calor. Agregue la mantequilla de almendras, la leche y la sal. Vierta en seis moldes, moldes o moldes para natillas individuales de 6 onzas. Cubra y enfríe de 6 a 24 horas o hasta que cuaje.

c) Con un cuchillo, despegue la panna cotta de los lados de los platos e inviértala en seis platos de postre. Vierta o rocíe un poco de salsa moca alrededor de la panna cotta. Sirva con la salsa restante y, si lo desea, decore con almendras rebanadas.

SALSA MOCA

d) En una cacerola pequeña cocine y revuelva el chocolate agridulce o semidulce picado a fuego lento hasta que se derrita. Agregue la crema para batir, el azúcar y el café expreso instantáneo en polvo o los cristales de café instantáneo.

e) Cocine y revuelva a fuego medio-bajo durante unos 3 minutos o hasta que burbujee en el borde. Servir caliente.

50. Fondue de moca

INGREDIENTES:
- 8 onzas de chocolate semidulce
- ½ taza de espresso o café caliente
- 3 cucharadas de azúcar granulada
- 2 cucharadas de mantequilla
- ½ cucharaditas de extracto de vainilla

INSTRUCCIONES:
a) Picar el chocolate en trozos pequeños y reservar.
b) Calentar el espresso y el azúcar en una olla para fondue a fuego lento.
c) Agregue lentamente el chocolate y la mantequilla mientras revuelve.
d) Agregar vainilla
e) Opcional: añadir un chorrito de crema irlandesa

51. Helado de moca

INGREDIENTES:
- 1 taza de leche de coco
- ¼ taza de crema espesa vegana
- 2 cucharadas de eritritol
- 20 gotas de Stevia líquida
- 2 cucharadas de cacao en polvo
- 1 cucharada de café instantáneo
- menta

INSTRUCCIONES:

a) Licue todos los ingredientes y luego transfiéralo a su máquina para hacer helados y bata según las instrucciones del fabricante durante 15 a 20 minutos.

b) Cuando el helado esté ligeramente congelado, sírvelo inmediatamente con una hoja de menta.

52.Tarta de queso con moca sin hornear

INGREDIENTES:
BASE DE GALLETA
- 300 g digestivos
- 150 g de mantequilla sin sal
- 25 gramos de cacao en polvo

RELLENO DE TARTA DE QUESO
- 150 gramos de chocolate con leche
- 2 cucharaditas de café de campamento
- 500 g de queso crema entero
- 100 g de azúcar glas
- 1 cucharadita de extracto de vainilla
- 300 ml de nata doble

DECORACIÓN
- 100 gramos de chocolate con leche
- 150 ml de nata doble
- 2 cucharadas de azúcar glas
- 1 cucharadita de café de campamento
- Asperja

INSTRUCCIONES
PARA LA BASE DE GALLETAS

a) Mezcla los digestivos en un procesador de alimentos con el cacao en polvo hasta obtener una migaja fina.

b) Mezcle las galletas con la mantequilla derretida y presione hacia abajo en el fondo de un molde desmontable de 8 "/20 cm de profundidad y refrigere mientras prepara el relleno.

PARA EL LLENADO

c) Derretir el chocolate con leche con cuidado y dejar enfriar un poco.

d) Con una batidora eléctrica, mezcle el queso crema, la vainilla y el azúcar glas hasta que quede suave.

e) Agrega la nata doble y bate hasta que se sostenga.

f) Divida las mezclas en dos tazones. A la mitad, agrega el chocolate con leche derretido y mézclalo. En el otro, agregue el extracto de café de campamento y mezcle hasta que también se combinen.

g) Cuando esté mezclado, vierta las mezclas sobre la base de galleta al azar y revuélvalas. Alise por encima y refrigere durante más de 6 horas para que cuaje, o preferiblemente durante la noche.

PARA DECORAR

h) Una vez cuajado lo retiramos del molde. Batir la nata doble, el extracto de café de campo y el azúcar glas hasta que espese y se pueda pipetear.

i) ¡Rocíe un poco de chocolate con leche derretido, agregue un poco de la deliciosa crema batida de café y espolvoree algunas bonitas chispas!

53.Moca Marjolaine

INGREDIENTES:
PARA LAS CAPAS DE MERENGUE:
- 4 claras de huevo grandes
- 1 taza de azúcar granulada
- ½ taza de almendras molidas
- ¼ cucharadita de crémor tártaro

PARA LA CREMA DE MANTEQUILLA DE MOCA:
- 1 ½ tazas de mantequilla sin sal, ablandada
- 2 tazas de azúcar en polvo
- 2 cucharadas de cacao en polvo sin azúcar
- 2 cucharadas de café instantáneo, disuelto en 2 cucharadas de agua caliente
- 1 cucharadita de extracto de vainilla

PARA MONTAJE:
- ½ taza de chocolate amargo, picado
- ¼ taza de crema espesa
- Opcional: virutas de chocolate o cacao en polvo para decorar

INSTRUCCIONES:

a) Precalienta el horno a 325 °F (165 °C) y forra dos bandejas para hornear con papel pergamino.

b) En un bol, bata las claras hasta que estén espumosas. Agrega el crémor tártaro y continúa batiendo hasta que se formen picos suaves.

c) Agregue gradualmente el azúcar granulada, una cucharada a la vez, mientras continúa batiendo hasta que se formen picos rígidos y brillantes.

d) Incorpora suavemente las almendras molidas hasta que se incorporen uniformemente.

e) Divida la mezcla de merengue por la mitad y extienda cada mitad en forma rectangular sobre las bandejas para hornear preparadas. Apunte a un grosor de aproximadamente ¼ de pulgada.

f) Hornee en el horno precalentado durante unos 20-25 minutos o hasta que las capas de merengue estén ligeramente doradas y crujientes. Retirar del horno y dejar enfriar por completo.

g) En un tazón, bata la mantequilla blanda hasta que esté cremosa. Agrega poco a poco el azúcar glass, el cacao en polvo, el café disuelto y el extracto de vainilla. Batir hasta que quede suave y esponjoso.

h) Una vez que las capas de merengue se hayan enfriado, esparza una cantidad generosa de crema de mantequilla de moca encima de una capa.

i) Coloque la segunda capa de merengue encima, presionando suavemente hacia abajo para que se adhiera.

j) En un recipiente apto para microondas, caliente el chocolate amargo y la crema espesa en intervalos de 30 segundos, revolviendo hasta que el chocolate se derrita y la mezcla esté suave. Déjalo enfriar un poco.

k) Vierta la ganache de chocolate sobre la parte superior de la mejorana de moca ensamblada, dejando que rocíe por los lados.

l) Opcional: espolvoree virutas de chocolate o espolvoree con cacao en polvo encima para decorar.

m) Refrigere el mocha Marjolaine durante al menos 2-3 horas o hasta que la crema de mantequilla esté firme.

n) Corta y sirve el delicioso mocha Marjolaine como postre exquisito.

54.Patatas fritas de moca y menta

INGREDIENTES:
- ½ taza de mantequilla sin sal, ablandada
- ¾ taza de azúcar granulada
- 1 huevo grande
- 1 cucharadita de extracto de vainilla
- ½ cucharadita de extracto de menta
- 1 ¼ tazas de harina para todo uso
- ¼ de taza de cacao en polvo sin azúcar
- 1 cucharada de café instantáneo en gránulos
- ¼ cucharadita de sal
- ¼ cucharadita de polvo para hornear
- ¼ cucharadita de bicarbonato de sodio
- 4 onzas de chocolate amargo, derretido
- Bastones de caramelo triturados o caramelos de menta, para decorar

INSTRUCCIONES:

a) Precalienta el horno a 350 °F (175 °C) y cubre una bandeja para hornear con papel pergamino.

b) En un tazón grande, mezcle la mantequilla ablandada y el azúcar granulada hasta que esté suave y esponjosa.

c) Batir el huevo, el extracto de vainilla y el extracto de menta hasta que estén bien combinados.

d) En un recipiente aparte, mezcle la harina, el cacao en polvo, los gránulos de café instantáneo, la sal, el polvo para hornear y el bicarbonato de sodio.

e) Agregue gradualmente la mezcla de ingredientes secos a la mezcla de mantequilla, mezclando hasta que esté combinado.

f) Deje caer cucharaditas redondeadas de masa en la bandeja para hornear preparada, espaciándolas aproximadamente a 2 pulgadas de distancia.

g) Con el dorso de una cuchara o con los dedos, aplana suavemente cada bola de masa hasta formar un disco fino. Las galletas se esparcirán a medida que se hornean, así que asegúrese de que estén lo suficientemente delgadas.

h) Hornee en el horno precalentado durante unos 10-12 minutos o hasta que los bordes estén firmes y las galletas estén crujientes.

i) Retirar del horno y dejar que las galletas se enfríen en la bandeja para hornear durante unos minutos antes de transferirlas a una rejilla para que se enfríen por completo.

j) Una vez que las galletas se hayan enfriado, esparza una fina capa de chocolate amargo derretido en el fondo de cada galleta.

k) Espolvorea bastones de caramelo triturados o caramelos de menta sobre el chocolate derretido mientras aún esté suave.

l) Deje que el chocolate se asiente por completo antes de servir o guardar las patatas fritas de moca y menta.

55. Mousse de moca y malvavisco

INGREDIENTES:
- 1 taza de crema espesa
- ¼ taza de azúcar granulada
- 2 cucharadas de cacao en polvo sin azúcar
- 1 cucharada de café instantáneo granulado, disuelto en 1 cucharada de agua caliente
- 1 cucharadita de extracto de vainilla
- 2 tazas de mini malvaviscos

INSTRUCCIONES:

a) En un tazón, bata la crema espesa, el azúcar granulada, el cacao en polvo, el café disuelto y el extracto de vainilla hasta que se formen picos suaves.

b) Incorpora suavemente los mini malvaviscos hasta que estén distribuidos uniformemente.

c) Vierta la mousse de moca y malvavisco en vasos o tazones para servir.

d) Refrigere por al menos 2 horas o hasta que la mousse esté cuajada y fría.

e) Opcional: Adorne con mini malvaviscos adicionales o una pizca de cacao en polvo antes de servir.

56. Pastel de moca y caramelo

INGREDIENTES:
PARA LA CORTEZA:
- 1 ½ tazas de galletas de chocolate trituradas (como galletas integrales de chocolate u obleas de chocolate)
- 6 cucharadas de mantequilla sin sal, derretida

PARA EL LLENADO:
- 1 taza de crema espesa
- ½ taza de leche
- ¼ taza de azúcar granulada
- 2 cucharadas de café instantáneo en gránulos
- 1 cucharada de maicena
- ¼ cucharadita de sal
- 4 yemas de huevo grandes
- 1 cucharadita de extracto de vainilla
- ½ taza de trocitos de caramelo o caramelos de caramelo triturados

PARA LA ADORNO:
- 1 taza de crema espesa
- 2 cucharadas de azúcar en polvo
- ½ cucharadita de extracto de vainilla
- Virutas de chocolate o cacao en polvo, para decorar (opcional)

INSTRUCCIONES:
a) Precalienta tu horno a 350°F (175°C).
b) En un tazón, combine las galletas de chocolate trituradas y la mantequilla derretida. Mezcle hasta que las migajas estén cubiertas uniformemente.
c) Presione la mezcla de migas en el fondo y los lados de un molde para pastel de 9 pulgadas para formar la corteza.
d) Hornea la base en el horno precalentado durante unos 10 minutos. Retirar del horno y dejar enfriar por completo.
e) En una cacerola, combine la crema espesa, la leche, el azúcar granulada, los gránulos de café instantáneo, la maicena y la sal. Batir hasta que se disuelvan los gránulos de café y la maicena.
f) Coloque la cacerola a fuego medio y cocine, revolviendo constantemente, hasta que la mezcla espese y hierva suavemente.
g) En un recipiente aparte, bata las yemas de huevo. Añade poco a poco una pequeña cantidad de la mezcla de nata caliente a las yemas de

huevo mientras bates continuamente. Esto templará los huevos y evitará que se revuelvan.

h) Vierta lentamente la mezcla de huevo templado nuevamente en la cacerola, batiendo constantemente.

i) Continúe cocinando la mezcla a fuego medio, revolviendo constantemente, hasta que espese hasta obtener una consistencia similar a la de un pudín. Alejar del calor.

j) Agrega el extracto de vainilla y los trocitos de caramelo hasta que se distribuyan uniformemente por todo el relleno.

k) Vierta el relleno en la base enfriada y extiéndalo uniformemente.

l) Cubra el pastel con film transparente, asegurándose de que toque la superficie del relleno para evitar que se forme piel. Enfriar en el frigorífico durante al menos 4 horas o hasta que cuaje.

m) Antes de servir, prepara la cobertura de nata montada. En un tazón, bata la crema espesa, el azúcar en polvo y el extracto de vainilla hasta que se formen picos suaves.

n) Extienda o coloque la crema batida sobre el pastel frío.

o) Opcional: Adorne con virutas de chocolate o una capa de cacao en polvo.

p) ¡Corta y sirve el pastel de caramelo y moca y disfruta de sus sabores ricos, cremosos e indulgentes!

q) Este pastel de caramelo y moca seguramente impresionará con su combinación de café, caramelo y chocolate. Es un postre perfecto para cualquier ocasión o para saciar tus antojos de dulce.

57. Sorbete de moca

INGREDIENTES:
- 1 taza de café fuerte preparado
- 1 taza de azúcar granulada
- ½ taza de cacao en polvo
- ½ cucharadita de extracto de vainilla
- Pizca de sal
- 2 cucharadas de vodka

INSTRUCCIONES:

a) En una cacerola, combine el café preparado y el azúcar granulada. Calienta a fuego medio, revolviendo frecuentemente, hasta que el azúcar se disuelva por completo.

b) Retire la cacerola del fuego y agregue el cacao en polvo hasta que esté completamente incorporado y suave.

c) Agrega el extracto de vainilla y la sal.

d) Opcional: si usa vodka, incorpórelo a la mezcla. La adición de alcohol ayudará a evitar que el sorbete se congele demasiado y creará una textura más suave.

e) Deje que la mezcla se enfríe a temperatura ambiente, luego transfiérala a un recipiente tapado y refrigere durante al menos 4 horas o toda la noche para que se enfríe completamente.

f) Una vez fría, vierte la mezcla en una heladera y bate según las instrucciones del fabricante hasta que alcance una consistencia similar a la de un sorbete.

g) Transfiera el sorbete a un recipiente con tapa y colóquelo en el congelador por unas horas o hasta que esté firme.

h) Cuando esté listo para servir, deje que el sorbete repose a temperatura ambiente durante unos minutos para que se ablande un poco.

i) Coloque el sorbete de moca en tazones o conos para servir y disfrute de su rico y refrescante sabor a café y chocolate.

58. Cúpulas de macarrones de moca y avellanas

INGREDIENTES:
PARA LAS CONCHAS DE MACARRON:
- 1 taza de azúcar en polvo
- ¾ taza de harina de almendras
- 2 cucharadas de cacao en polvo
- 2 cucharadas de café instantáneo en gránulos
- 2 claras de huevo grandes
- ¼ taza de azúcar granulada
- Pizca de sal

PARA EL RELLENO DE MOCA Y AVELLANAS:
- 1 taza de crema de avellanas (como Nutella)
- ¼ taza de crema espesa
- 1 cucharada de café instantáneo en gránulos

PARA MONTAJE:
- ¼ de taza de avellanas tostadas y picadas (para decorar)
- Opcional: polvo de oro comestible o azúcar en polvo para decoración.

INSTRUCCIONES:
para las conchas de macarrones:

a) Precalienta el horno a 325 °F (165 °C) y cubre dos bandejas para hornear con papel pergamino.

b) En un bol, tamice el azúcar glass, la harina de almendras, el cacao en polvo y el café instantáneo en gránulos. Dejar de lado.

c) En un tazón aparte, bata las claras a velocidad media hasta que estén espumosas.

d) Añade poco a poco el azúcar granulada y la sal a las claras sin dejar de batir. Aumente la velocidad a alta y bata hasta que se formen picos rígidos.

e) Incorpora suavemente la mezcla de ingredientes secos a las claras batidas con una espátula. Mezcle hasta que la masa esté suave y bien combinada.

f) Transfiera la masa de macarrones a una manga pastelera con punta redonda.

g) Coloque pequeñas rondas, de aproximadamente 1 pulgada de diámetro, en las bandejas para hornear preparadas. Deja algo de espacio entre cada macarrón.

h) Golpee las bandejas para hornear en la encimera varias veces para liberar las burbujas de aire y aplanar los macarrones ligeramente.

i) Deje que los macarrones reposen a temperatura ambiente durante unos 15 a 30 minutos para que se forme una ligera costra en la superficie.
j) Hornee las cáscaras de macarrones en el horno precalentado durante unos 12 a 15 minutos o hasta que estén firmes y se despeguen fácilmente del papel pergamino.
k) Retire las cáscaras de los macarrones del horno y déjelas enfriar completamente en las bandejas para hornear antes de pelarlas con cuidado.

para el relleno de moca y avellanas:

l) En un tazón, combine la crema de avellanas, la crema espesa y los gránulos de café instantáneo. Mezcle hasta que esté bien combinado y suave.
m) Transfiera la mezcla de relleno a una manga pastelera con punta redonda.

para montaje:

n) Combine las cáscaras de macarrones enfriadas en pares de tamaños similares.
o) Coloque una cantidad generosa del relleno de moca y avellanas en el lado plano de una cáscara de macarrón de cada par.
p) Emparede suavemente el relleno con la otra cáscara de macarrón, presionando ligeramente hacia abajo para que se adhiera.
q) Repita con las cáscaras de macarrones restantes y el relleno.
r) Opcional: espolvoree las cúpulas de los macarrones con polvo de oro comestible o azúcar en polvo para decorar.
s) Espolvorea las avellanas tostadas y picadas encima de cada cúpula de macarrón para darle más textura y sabor.
t) Coloque las cúpulas de macarrones en el refrigerador durante al menos 1 hora para permitir que se asiente el relleno.

SALSAS

59. Salsa Kahlua Moca

INGREDIENTES:
- ½ taza de crema espesa
- ¼ taza de azúcar granulada
- 2 cucharadas de cacao en polvo sin azúcar
- 1 cucharada de café instantáneo en gránulos
- 2 cucharadas de Kahlua (licor de café)
- 4 onzas de chocolate semidulce, picado
- 1 cucharada de mantequilla sin sal
- ½ cucharadita de extracto de vainilla

INSTRUCCIONES:

a) En una cacerola, combine la crema espesa, el azúcar granulada, el cacao en polvo y los gránulos de café instantáneo. Batir hasta que se disuelvan el azúcar y los gránulos de café.

b) Coloque la cacerola a fuego medio y lleve la mezcla a fuego lento, revolviendo constantemente.

c) Retire la cacerola del fuego y agregue el Kahlua.

d) Agrega el chocolate semidulce picado y revuelve hasta que el chocolate se derrita por completo y la mezcla quede suave.

e) Agregue la mantequilla sin sal y el extracto de vainilla hasta que la mantequilla se derrita e incorpore.

f) Deje que la salsa se enfríe un poco antes de servir. Se espesará a medida que se enfríe.

g) Utilice la salsa de moca Kahlua como aderezo para helados, brownies u otros postres. ¡Disfrutar!

60. Salsa De Dulce De Moca

INGREDIENTES:
- 1 taza de crema espesa
- ½ taza de azúcar granulada
- ¼ de taza de cacao en polvo sin azúcar
- 1 cucharada de café instantáneo en gránulos
- 4 onzas de chocolate semidulce, picado
- 2 cucharadas de mantequilla sin sal
- ½ cucharadita de extracto de vainilla

INSTRUCCIONES:

a) En una cacerola, combine la crema espesa, el azúcar granulada, el cacao en polvo y los gránulos de café instantáneo. Batir hasta que se disuelvan el azúcar y los gránulos de café.

b) Coloque la cacerola a fuego medio y lleve la mezcla a fuego lento, revolviendo constantemente.

c) Retiramos el cazo del fuego y añadimos el chocolate semidulce picado. Revuelve hasta que el chocolate se derrita por completo y la mezcla esté suave.

d) Agregue la mantequilla sin sal y el extracto de vainilla hasta que la mantequilla se derrita e incorpore.

e) Deje que la salsa se enfríe un poco antes de servir. Se espesará a medida que se enfríe.

f) Utilice la salsa de moca dulce como aderezo para helado, brownies u otros postres. ¡Disfrutar!

61. Salsa De Moca Y Ron

INGREDIENTES:
- ½ taza de crema espesa
- ¼ taza de azúcar granulada
- 2 cucharadas de cacao en polvo sin azúcar
- 1 cucharada de café instantáneo en gránulos
- 2 cucharadas de ron
- 4 onzas de chocolate con leche, picado
- 1 cucharada de mantequilla sin sal
- ½ cucharadita de extracto de vainilla

INSTRUCCIONES:

a) En una cacerola, combine la crema espesa, el azúcar granulada, el cacao en polvo y los gránulos de café instantáneo. Batir hasta que se disuelvan el azúcar y los gránulos de café.

b) Coloque la cacerola a fuego medio y lleve la mezcla a fuego lento, revolviendo constantemente.

c) Retire la cacerola del fuego y agregue el ron.

d) Agrega el chocolate con leche picado y revuelve hasta que el chocolate se derrita por completo y la mezcla esté suave.

e) Agregue la mantequilla sin sal y el extracto de vainilla hasta que la mantequilla se derrita e incorpore.

f) Deje que la salsa se enfríe un poco antes de servir. Se espesará a medida que se enfríe.

g) Rocíe la salsa de moca y ron sobre pasteles, pudines u otros postres. ¡Disfrutar!

62. Salsa Moca Tía María

INGREDIENTES:
- 1 taza de crema espesa
- ¼ taza de azúcar granulada
- 2 cucharadas de cacao en polvo sin azúcar
- 1 cucharada de café instantáneo en gránulos
- 2 cucharadas de licor Tía María
- 4 onzas de chocolate amargo, picado
- 1 cucharada de mantequilla sin sal
- ½ cucharadita de extracto de vainilla

INSTRUCCIONES:

a) En una cacerola, combine la crema espesa, el azúcar granulada, el cacao en polvo y los gránulos de café instantáneo. Batir hasta que se disuelvan el azúcar y los gránulos de café.

b) Coloque la cacerola a fuego medio y lleve la mezcla a fuego lento, revolviendo constantemente.

c) Retire la cacerola del fuego y agregue el licor Tía María.

d) Agrega el chocolate amargo picado y revuelve hasta que el chocolate se derrita por completo y la mezcla esté suave.

e) Agregue la mantequilla sin sal y el extracto de vainilla hasta que la mantequilla se derrita e incorpore.

f) Deje que la salsa se enfríe un poco antes de servir. Se espesará a medida que se enfríe.

g) Rocíe la salsa Mocha Tia Maria sobre postres como helado, pasteles o brownies. Alternativamente, puedes usarlo como salsa para acompañar frutas o untarlo sobre panqueques o crepes.

h) Guarde la salsa sobrante en un recipiente hermético en el refrigerador hasta por una semana. Vuelva a calentar suavemente antes de usar.

63. Salsa De Moca Y Nueces

INGREDIENTES:
- 1 taza de crema espesa
- ½ taza de azúcar granulada
- 2 cucharadas de cacao en polvo sin azúcar
- 1 cucharada de café instantáneo en gránulos
- 4 onzas de chocolate semidulce, picado
- 1 cucharada de mantequilla sin sal
- ½ cucharadita de extracto de vainilla
- ½ taza de nueces picadas

INSTRUCCIONES:

a) En una cacerola, combine la crema espesa, el azúcar granulada, el cacao en polvo y los gránulos de café instantáneo. Batir hasta que se disuelvan el azúcar y los gránulos de café.

b) Coloque la cacerola a fuego medio y lleve la mezcla a fuego lento, revolviendo constantemente.

c) Retiramos el cazo del fuego y añadimos el chocolate semidulce picado. Revuelve hasta que el chocolate se derrita por completo y la mezcla esté suave.

d) Agregue la mantequilla sin sal y el extracto de vainilla hasta que la mantequilla se derrita e incorpore.

e) Deje que la salsa se enfríe un poco antes de servir. Se espesará a medida que se enfríe.

f) Agrega las nueces picadas a la salsa de moca.

g) Utilice la salsa de moca y nueces como aderezo para helado, brownies u otros postres. ¡Disfrutar!

h) Estas salsas de moca añaden un toque delicioso y decadente a varios postres. Ya sea que prefiera una versión agridulce, con infusión de Kahlua, dulce de azúcar, con infusión de ron, satinada, clásica o de nueces, estas salsas realzarán los sabores de sus dulces favoritos. ¡Disfrutar!

BATIDOS Y CÓCTELES

64. Moca helado de la selva negra

INGREDIENTES:
- 4 cucharadas de expreso
- Hielo
- 1 cucharada de jarabe de chocolate
- 1 cucharada de jarabe de cereza
- ½ cucharada de jarabe de coco
- 16 cucharadas de leche fría
- Crema batida; para cubrir
- Chocolate rallado; para cubrir
- 1 cereza; para Decorar

INSTRUCCIONES:

a) Vierta el espresso en un vaso de 12 onzas lleno de hielo.
b) Agregue los almíbares y la leche y revuelva.
c) Cubra con una generosa cucharada de crema batida y chocolate rallado y decore con una cereza.

65. Batido de proteína de moca

INGREDIENTES:
- 1 taza de café preparado en frío
- 1 taza de leche (láctea o de origen vegetal)
- 1 cucharada de proteína de chocolate en polvo
- 1 cucharada de cacao en polvo
- 1 cucharada de mantequilla de almendras o mantequilla de maní
- Cubitos de hielo (opcional)

INSTRUCCIONES:

a) En una licuadora, combine el café preparado en frío, la leche, la proteína de chocolate en polvo, el cacao en polvo y la mantequilla de almendras.

b) Licue hasta que quede suave y bien combinado.

c) Si lo deseas, agrega cubitos de hielo y vuelve a licuar para crear un batido de proteínas frío.

d) Vierte en un vaso y disfruta de tu batido de proteína de moca.

66. Batido de plátano y moca

INGREDIENTES:
- 1 plátano maduro
- 1 taza de café preparado en frío
- ½ taza de leche (láctea o de origen vegetal)
- 1 cucharada de cacao en polvo
- 1 cucharada de miel o edulcorante de elección
- Cubitos de hielo (opcional)

INSTRUCCIONES:

a) En una licuadora, combine el plátano maduro, el café frío, la leche, el cacao en polvo y la miel.

b) Mezcle hasta que esté suave y cremosa.

c) Si lo deseas, agrega cubitos de hielo y vuelve a licuar para crear un batido frío.

d) Vierte en un vaso y disfruta de tu refrescante batido de plátano y moca.

67.Batido malteado de moca, caramelo y oreo

INGREDIENTES:
- 6 bolas de helado de café Blue Bell
- 6 Oreos de moca y caramelo con leche
- 2 cucharadas de leche malteada en polvo
- 1⁄4 taza de leche

INSTRUCCIONES:
a) Coloca todos los ingredientes en la licuadora.
b) Licuamos bien hasta que todo esté bien combinado y se haya conseguido una textura suave y cremosa.

68. Frappuccino De Moca

INGREDIENTES:
- 1 onza de vodka
- 1 onza de licor de café
- 1 onza de licor de chocolate
- 2 onzas de leche
- 1 onza de café expreso
- 1 taza de cubitos de hielo

INSTRUCCIONES:

a) En una licuadora, combine el vodka, el licor de café, el licor de chocolate, la leche, el espresso y los cubitos de hielo.

b) Licue a alta velocidad hasta que quede suave y espumoso.

c) Vierte la mezcla en un vaso alto.

d) Opcionalmente, puedes cubrirlo con nata montada y un chorrito de sirope de chocolate.

e) ¡Sirve con una pajita y disfruta!

69.Moca a la antigua usanza

INGREDIENTES:
- 2 onzas de bourbon
- ½ onza de licor de café
- ¼ de onza de almíbar simple
- 2 chorritos de chocolate amargo
- Cáscara de naranja, para decorar
- Cubos de hielo

INSTRUCCIONES:
a) En un vaso antiguo, machacar la piel de naranja y el almíbar.
b) Llena el vaso con cubitos de hielo.
c) Agregue bourbon, licor de café y chocolate amargo.
d) Revuelva suavemente para combinar.
e) Adorne con una rodaja de naranja.
f) ¡Servir y disfrutar!

70. Deslizamiento de lodo de moca

INGREDIENTES:
- 1 onza de vodka
- 1 onza de licor de café
- 1 onza de licor de crema irlandesa
- 2 onzas de leche o crema
- 1 onza de jarabe de chocolate
- Cubos de hielo

INSTRUCCIONES:

a) Llena una licuadora con cubitos de hielo.

b) Agregue vodka, licor de café, licor de crema irlandesa, leche o nata y sirope de chocolate.

c) Licue a velocidad alta hasta que quede suave y cremoso.

d) Rocíe un poco de almíbar de chocolate en un vaso.

e) Vierte la mezcla licuada en el vaso.

f) Opcionalmente, puedes cubrirlo con crema batida y una pizca de cacao en polvo.

g) ¡Sirve con una pajita y disfruta!

71. Flip de moca

INGREDIENTES:
- 1 ½ onzas de ron
- ½ onza de licor de café
- ½ onza de crema de cacao oscura
- ½ onza de café expreso
- 1 huevo entero
- Cubos de hielo

INSTRUCCIONES:
a) Llena una coctelera con cubitos de hielo.
b) Agrega ron, licor de café, crema de cacao oscura, espresso y un huevo entero a la coctelera.
c) Agite vigorosamente durante unos 20-30 segundos.
d) Colar la mezcla en un vaso frío.
e) Opcionalmente, puedes rallar un poco de nuez moscada encima para decorar.
f) ¡Servir y disfrutar!

72.Martini de moca

INGREDIENTES:
- 1 trago de expreso
- 1 ½ onzas de vodka
- 1 onza de licor de chocolate

INSTRUCCIONES:
a) Agite todos los ingredientes con hielo y cuele en una copa de martini.

CAFÉ MOCA

73. Moca clásico

INGREDIENTES:
- 18 g de espresso molido o 1 cápsula de espresso
- 250ml de leche
- 1 cucharadita de chocolate para beber

INSTRUCCIONES:

a) Prepare unos 35 ml de espresso con una máquina de café y viértalo en el fondo de la taza. Agrega el chocolate para beber y mézclalo bien hasta que quede suave.

b) Utilice el accesorio vaporizador para espumar la leche hasta que tenga unos 4-6 cm de espuma en la superficie. Sostenga la jarra de leche con el pico a unos 3-4 cm por encima de la taza y vierta la leche en un chorro constante.

c) A medida que sube el nivel del líquido en la taza, acerque la jarra de leche lo más posible a la superficie de la bebida mientras la dirige hacia el centro.

d) Cuando la jarra de leche casi toque la superficie del café, inclínala para verter más rápidamente. Mientras haces esto, la leche golpeará la parte posterior de la taza y naturalmente se doblará sobre sí misma, creando un patrón decorativo encima de tu moca.

74. Capuchino helado de moca

INGREDIENTES:
- ¼ de taza Mitad y mitad
- 1 cucharada de jarabe de chocolate
- 1 taza de espresso doble caliente o café muy fuerte
- 4 cubitos de hielo

INSTRUCCIONES:
a) Mezcla el almíbar de chocolate con el café humeante hasta que se disuelva. A continuación, en una licuadora, licúa el café con el half and half y los cubitos de hielo.
b) Licue vigorosamente durante 2 a 3 minutos.
c) Sirva rápidamente en un vaso alto y frío.

75. Frappé de moca

INGREDIENTES:
- 18 cubitos de hielo (hasta 22)
- 7 onzas de café de doble concentración, frío
- ½ taza de salsa de chocolate (o almíbar)
- 2 cucharadas de sirope de vainilla
- Crema batida

INSTRUCCIONES:

a) Usa una licuadora.

b) Coloca hielo, café, salsa de chocolate y almíbar en la licuadora. Mezclar hasta que esté suave. Vierta en un vaso grande, alto y frío para fuente de soda.

c) Adorne con una cucharada de crema batida o una bola de helado.

76. Frappé Godiva Mocha

INGREDIENTES:
- ½ onzas de café tostado oscuro
- 1 cucharada de cacao sin azúcar
- 1 cucharada Azúcar
- ¼ cuarto (½ pinta) de helado de café
- 3 cucharadas de leche

INSTRUCCIONES:
a) Prepare café fuerte con 4 tazas de agua fría.
b) Batir el cacao y el azúcar.
c) Incorpora el café caliente.
d) Deje enfriar y luego enfríe.
e) En porciones, mezcle el café frío, el helado y la leche en una licuadora hasta que quede suave y espumoso.
f) Vierte la mezcla de frappé en vasos.
g) Tamiza el cacao en polvo por encima y sirve con pajitas.

77. Mochaccino helado

INGREDIENTES:
- 1 taza de helado de vainilla o yogurt helado
- 1 cucharada de azúcar
- ¼ taza de crema espesa, batida suavemente
- ½ taza de espresso preparado, frío
- 6 cucharadas de jarabe de chocolate
- ½ taza de leche

INSTRUCCIONES:
a) Pon el espresso, el jarabe de chocolate, el azúcar y la leche en una licuadora, luego licúa hasta que estén bien combinados.
b) Incorpora el helado o yogur a la mezcla y licua hasta alcanzar una consistencia suave.
c) Divida la mezcla resultante entre dos vasos fríos y decore cada uno con crema batida y rizos de chocolate o una pizca de canela o cacao.

78. Moca cola brasileña

INGREDIENTES:
- 2 cucharadas de cacao en polvo sin azúcar
- ¼ de taza de agua caliente
- Virutas de chocolate o cacao en polvo para decorar (opcional)
- ¼ de taza de leche (entera o de tu elección)
- Crema batida (opcional)
- 1 taza de café recién hecho
- 3 cucharadas de azúcar
- Cubos de hielo
- 1 lata de cola (12 onzas), fría

INSTRUCCIONES:
a) Comience preparando una taza de café recién hecho y caliente utilizando su cafetera o método de preparación preferido.
b) En un recipiente aparte, combine el cacao en polvo sin azúcar y el azúcar.
c) Agrega ¼ de taza de agua caliente a la mezcla de cacao en polvo y azúcar. Remueve bien hasta que el cacao en polvo y el azúcar se hayan disuelto por completo, formando un almíbar de chocolate.
d) Vierta el café caliente recién hecho en el almíbar de chocolate y mezcle hasta que esté bien combinado, dando como resultado una mezcla de moca.
e) Incorpora ¼ de taza de leche a la mezcla de moca y revuelve para mezclar. Ajusta el dulzor a tu gusto añadiendo más azúcar si es necesario.
f) Elige la cantidad de cubitos de hielo que prefieras y llena un vaso con ellos.
g) Vierta con cuidado la mezcla de moca sobre el hielo en el vaso, llenándolo hasta la mitad.
h) Vierta poco a poco la cola fría sobre la mezcla de moca en el vaso. Esta combinación de café, cacao y cola creará una deliciosa mezcla de sabores y efervescencia.
i) Si lo deseas, opcionalmente puedes agregar una cucharada de crema batida a tu Mocha Cola brasileña.
j) Para darle más sabor y presentación, considere decorar con virutas de chocolate o una pizca de cacao en polvo.
k) ¡Sirve tu Mocha Cola brasileña inmediatamente y saborea esta fusión única de sabores de café y cola!

79. Moca mexicano picante

INGREDIENTES:
- 2 cucharadas de azúcar en polvo
- 1 cucharada de chocolate molido Ghirardelli sin azúcar
- 2 cucharadas de crema espesa o mitad y mitad
- ¼ cucharadita de canela cassia vietnamita
- 6 onzas de café fuerte
- ¼ cucharadita de pimienta de Jamaica
- ⅛ cucharadita de pimienta de cayena

INSTRUCCIONES:
a) En un tazón pequeño, mezcle todos los ingredientes secos.
b) Vierte el café en una taza espaciosa y mezcla con la mezcla de cacao hasta que esté bien combinado.
c) Luego añade la nata al gusto.

80.Moca de menta

INGREDIENTES:
- 2 cucharadas de cacao en polvo
- 2 cucharadas de azúcar
- 1 taza de café humeante
- ¼ de cucharadita de extracto de menta
- Crema batida (opcional)

INSTRUCCIONES:
a) Prepare una taza de café fuerte.
b) En otro tazón, combine el cacao en polvo y el azúcar.
c) Agrega la mezcla de cacao y azúcar al café caliente hasta que se disuelva por completo.
d) Agregue el extracto de menta y revuelva.
e) Cubra con crema batida si lo desea.
f) ¡Disfruta de tu moca de menta!

81. Moca de frambuesa

INGREDIENTES:
- 2 cucharadas de jarabe de frambuesa
- 1 taza de café humeante
- 2 cucharadas de cacao en polvo
- Crema batida (opcional)

INSTRUCCIONES:
a) Prepare una taza de café fuerte.
b) Agregue el cacao en polvo y el almíbar de frambuesa.
c) Cubra con crema batida si lo desea.
d) ¡Disfruta de tu Mocha de Frambuesa!

82.Canela Naranja Moca

INGREDIENTES:
- 1 taza de café humeante
- 2 cucharadas de cacao en polvo
- ¼ cucharadita de canela molida
- 1 cucharada de ralladura de naranja

INSTRUCCIONES:
a) Prepare una taza de café fuerte.
b) Agrega el cacao en polvo, la canela molida y la ralladura de naranja.
c) ¡Disfruta de tu moca de naranja y canela!

83. Café Moca De Malvavisco Tostado

INGREDIENTES:
- 1 trago de espresso o ½ taza de café fuerte
- ½ taza de leche
- 2 cucharadas de jarabe de chocolate
- ¼ de taza de chocolate caliente o mezcla de cacao
- ¼ de taza de mini malvaviscos
- Crema batida (opcional)
- Virutas de chocolate (opcional)

INSTRUCCIONES:

a) Prepare un trago de espresso o una taza de café fuerte. Utilice una máquina de café expreso o una cafetera.

b) Mientras se prepara el café, prepara tu chocolate caliente. Puedes hacerlo mezclando ¼ de taza de agua caliente con la mezcla de chocolate caliente o cacao en un recipiente aparte. Remueve hasta que esté bien disuelto.

c) En una cacerola pequeña, caliente ½ taza de leche a fuego medio bajo hasta que esté caliente pero no hirviendo. Si tienes un espumador de leche, espuma la leche para lograr una textura extra cremosa.

d) Comience agregando un trago de espresso o café preparado en una taza de café.

e) Agrega 2 cucharadas de jarabe de chocolate al café, asegurándote de que se mezclen bien.

f) Vierta gradualmente el chocolate caliente preparado en la mezcla de café y revuelva bien para combinar los sabores.

g) Con precaución, vierte la leche caliente y espumosa en la mezcla de café mientras usas una cuchara para retener la espuma hasta que la leche fluya.

h) Personaliza tu Toasted Marshmallow Cafe Mocha con mini malvaviscos al contenido de tu corazón, agregando tantos como desees.

i) Para darle un toque extra indulgente, si lo deseas, completa con una cucharada de crema batida y una pizca de virutas de chocolate.

j) Si tienes un soplete de cocina, puedes tostar suavemente los malvaviscos encima hasta que se doren y estén ligeramente crujientes. Tenga cuidado para evitar quemaduras.

k) Finalmente, inserte una pajita o una cuchara larga, revuelva suavemente y saboree su delicioso Toasted Marshmallow Cafe Mocha.

84. Cóctel sin alcohol de moca y menta

INGREDIENTES:
- 1 trago de expreso
- 1 onza de jarabe de chocolate
- ½ onza de jarabe de menta
- Cubos de hielo
- Leche o nata (opcional)

INSTRUCCIONES:

a) Agite el espresso, el jarabe de chocolate y el jarabe de menta con hielo.

b) Agregue leche o crema si lo desea.

85. Moca de chocolate blanco

INGREDIENTES:
- 1 trago de expreso
- 1 taza de leche caliente
- 2 cucharadas de sirope de chocolate blanco

INSTRUCCIONES:
a) Prepara un trago de espresso.
b) Calienta la leche hasta que esté caliente pero sin burbujear.
c) Agregue el almíbar de chocolate blanco.
d) Vierta el espresso en una taza, cubra con leche caliente y revuelva.

86. moca de coco

INGREDIENTES:
- 1 trago de expreso
- 1 taza de leche caliente
- 2 cucharadas de cacao en polvo
- 2 cucharadas de jarabe de coco

INSTRUCCIONES:
a) Prepara un trago de espresso.
b) Calienta la leche hasta que esté caliente pero sin burbujear.
c) En un recipiente aparte, mezcle el cacao en polvo y el almíbar de coco.
d) Agrega la mezcla de cacao y coco al espresso hasta que se disuelva.
e) Cubra con leche caliente y revuelva.

87.Mocha Italiano Espresso

INGREDIENTES:
- 1 trago de espresso (aproximadamente 35 ml)
- 250ml de leche
- 1-2 cucharadas de cacao en polvo (ajustar al gusto)
- 1-2 cucharadas de azúcar (ajustar al gusto)
- Crema batida (opcional, para decorar)
- Virutas de chocolate (opcional, para decorar)

INSTRUCCIONES:
a) Comience preparando un solo trago de espresso, aproximadamente 35 ml, con su máquina de espresso. Asegúrese de que sea fuerte y aromático.
b) En un recipiente aparte, combine el cacao en polvo y el azúcar. Ajuste las cantidades para lograr su nivel preferido de dulzura y sabor a chocolate.
c) Usando una vaporera de leche o en la estufa, calienta la leche hasta que esté caliente pero no hirviendo. Espuma la leche para crear una textura cremosa y aterciopelada.
d) En una taza de café, agregue el trago de espresso preparado.
e) Espolvorea la mezcla de cacao en polvo y azúcar en el espresso. Revuelva bien para asegurarse de que el cacao y el azúcar se disuelvan por completo.
f) Vierta la leche espumosa en la mezcla de espresso, dejando que la leche cremosa fluya primero mientras retiene la espuma con una cuchara.
g) Si lo desea, cubra su Mocha Italiano Espresso con una cucharada de crema batida para darle más placer.
h) Termina tu moca espolvoreando virutas de chocolate sobre la crema batida.

88.Moca De Cacao Y Avellanas

INGREDIENTES:
- ¾ onzas de Kahlúa
- ½ taza de café caliente con avellanas (elaborado con una mezcla de café vegano)
- 1 cucharadita de cacao en polvo
- 2 cucharadas de Vegan Half and Half (puedes usar crema sin lácteos como almendras, soja o avena)

INSTRUCCIONES:

a) Comience preparando una taza fuerte de café con avellanas utilizando su método preferido, como una cafetera de goteo, una prensa francesa o una máquina de espresso. Asegúrese de que el café sea apto para veganos.

b) Mientras se prepara el café, caliente suavemente la mitad y la mitad veganas. Puedes lograr esto usando una cacerola pequeña a fuego lento o en el microondas durante aproximadamente 20 a 30 segundos. Intenta calentarlo sin que hierva.

c) Coloca Kahlua y cacao en polvo vegano en una taza de café.

d) Una vez que el café esté listo, viértelo en la taza que contiene el Kahlua y el cacao en polvo. Revuelva bien para mezclar y disolver el cacao en polvo.

e) Posteriormente, vierte la mitad y mitad vegana calentada en la mezcla de café. Revuelva una vez más para combinar.

f) Tu Mocha Vegano de Cacao y Avellanas ya está preparado para tu disfrute. Si lo deseas, puedes realzarlo con crema batida vegana o un poco de cacao en polvo.

g) Sírvelo caliente y disfruta de la deliciosa fusión de sabores de cacao, avellana y café, todo sin el uso de productos lácteos.

89. Moca de frambuesa y chocolate blanco

INGREDIENTES:
- 1 trago de espresso o ½ taza de café fuerte
- 1-2 cucharadas de jarabe de frambuesa
- ¼ taza de leche
- 2 cucharadas de chispas de chocolate blanco o sirope de chocolate blanco
- Crema batida
- Frambuesas frescas (para decorar)

INSTRUCCIONES:

a) Prepare un trago de espresso o una taza de café fuerte.
b) En una cacerola, caliente suavemente la leche y las chispas de chocolate blanco a fuego lento, revolviendo constantemente hasta que el chocolate se derrita por completo y la mezcla se caliente.
c) Incorpora el almíbar de frambuesa a la mezcla y continúa revolviendo.
d) Vierta el espresso o el café recién hecho en una taza.
e) Vierta con cuidado la mezcla de chocolate blanco caliente y leche de frambuesa sobre el café.
f) Completa tu creación cubriéndola con una cucharada de crema batida y adornándola con frambuesas frescas.
g) ¡Disfruta de tu delicioso moca de frambuesa y chocolate blanco!

90. Café helado original

INGREDIENTES:
- 1/4 taza de café; instantáneo, regular o descafeinado
- 1/4 taza de azúcar
- 1 litro o litro de leche fría

Direcciones

a) Disuelva el café instantáneo y el azúcar en agua caliente. Agrega 1 litro o litro de leche fría y agrega hielo. Para darle sabor a moca, use leche con chocolate y agregue azúcar al gusto.

b) Disuelva 1 cucharada de **café instantáneo y** 2 cucharaditas de azúcar en 1 cucharada de agua caliente.

c) Agrega 1 taza de leche fría y revuelve.

d) Puedes endulzar con un edulcorante bajo en calorías en lugar de azúcar.

91.Café con sabor a moca

INGREDIENTES:
- 1/4 taza de crema vegetal seca
- 1/3 taza de azúcar
- 1/4 taza de café instantáneo seco
- 2 cucharadas de cacao

Direcciones

a) Coloque todos los ingredientes en la batidora, bata a velocidad alta hasta que estén bien mezclados. Mezcla 1 1/2 cucharadas con una taza de agua caliente.

b) Guárdelo en un frasco hermético. Como por ejemplo un tarro de conservas.

92.café con chocolate

INGREDIENTES:
- 2 cucharadas de café instantáneo
- 1/4 taza de azúcar
- 1 pizca de sal
- 1 onza. Cuadritos de chocolate sin azúcar
- 1 taza de agua
- 3 tazas de leche
- Crema batida

Direcciones

a) En una cacerola combine el café, el azúcar, la sal, el chocolate y el agua; revuelva a fuego lento hasta que el chocolate se derrita. Cocine a fuego lento durante 4 minutos, revolviendo constantemente.

b) Agregue gradualmente la leche, revolviendo constantemente hasta que esté caliente.

c) Cuando esté bien caliente, retirar del fuego y batir con batidor giratorio hasta que la mezcla esté espumosa.

d) Vierta en tazas y coloque una cucharada de crema batida en la superficie de cada una.

93.Moca espresso italiano

INGREDIENTES:
- 1 taza de café instantáneo
- 1 taza de azúcar
- 4 1/2 tazas de leche en polvo descremada
- 1/2 taza de cacao

Direcciones
a) Mezcle todos los ingredientes.
b) Procese en una licuadora hasta que se convierta en polvo.
c) Use 2 cucharadas por cada taza pequeña de agua caliente.
d) Servir en tazas de espresso.
e) Guárdelo en un frasco con tapa hermética.
f) Los frascos para conservas funcionan bien para almacenar café.

94. Cafés chocolateados

INGREDIENTES:
- 1/4 taza de espresso instantáneo
- 1/4 taza de cacao instantáneo
- 2 tazas de agua hirviendo; es mejor usar agua filtrada
- Crema batida
- Piel de naranja finamente rallada o canela molida

Direcciones

a) Combina café y cacao. Agregue agua hirviendo y revuelva para disolver. Vierta en tazas demitasse. Cubra cada porción con crema batida, piel de naranja rallada y una pizca de canela.

95.Café Amaretto De Chocolate

INGREDIENTES:
- Granos de café amaretto
- 1 cucharadas de extracto de vainilla
- 1 cucharadita de extracto de almendras
- 1 cucharadita de cacao en polvo
- 1 cucharadita de azúcar
- Crema Batida para Adornar

Direcciones

a) Hacer cafe.
b) Agrega extracto de vainilla y almendras, 1 cucharadita de cacao y 1 cucharadita de azúcar por taza.
c) Adorne con crema batida

96. Flotador de café con chocolate y menta

INGREDIENTES:
- 1/2 taza de café caliente
- 2 cucharadas de licor de crema de cacao
- 1 cucharada de helado de menta y chispas de chocolate

Direcciones

a) Para cada porción combine 1/2 taza de café y 2 cucharadas.
b) s del licor.
c) Cubra con una bola de helado.

97. Moca De Cacao Y Avellanas

INGREDIENTES:
- 3/4 onzas Kahlua
- 1/2 taza de café caliente con avellanas
- 1 cucharadita de Nestlé Quick
- 2 Cucharadas Mitad y Mitad

Direcciones

a) Combina todos los ingredientes en tu cu favorito .
b) Remover _

98. Café con chocolate y menta

INGREDIENTES:
- 1/3 taza de café molido
- 1 cucharadita de extracto de chocolate
- 1/2 cucharadita de extracto de menta
- 1/4 cucharadita de extracto de vainilla

Direcciones
a) Coloca el café en la licuadora.
b) En una taza combine los extractos y agréguelos al café.
c) Procese hasta que se mezcle, solo unos segundos.
d) Almacenar refrigerado

99. Café italiano con chocolate

INGREDIENTES:
- 2 tazas de café fuerte y caliente
- 2 tazas de cacao tradicional caliente (pruebe la marca Hershey's)
- Crema batida
- Cáscara de naranja rallada

Direcciones

a) Combine 1/2 taza de café y 1/2 taza de cacao en cada una de las 4 tazas.
b) Cubra con crema batida; espolvorear con piel de naranja rallada.

100. Moca semidulce

INGREDIENTES:
- 4 onzas. Chocolate semidulce
- 1 cucharadas de azúcar
- 1/4 taza de crema para batir
- 4 tazas de café fuerte y caliente
- Crema batida
- Cáscara de naranja rallada

Direcciones
a) Derrita el chocolate en una cacerola pesada a fuego lento.
b) Agregue el azúcar y la crema para batir.
c) Incorpora el café con un batidor, 1/2 taza a la vez; continuar hasta que esté espumoso.
d) Cubra con crema batida y espolvoree con piel de naranja rallada.

CONCLUSIÓN

Al llegar al final de "El libro de cocina del moca", esperamos que haya disfrutado muchísimo explorando el mundo de las delicias del café y el chocolate. El moca es un verdadero regalo para nuestras papilas gustativas y nos hemos esforzado por presentarle una colección de recetas que realmente celebran sus sabores únicos.

Desde la reconfortante calidez de un mocha latte hasta la riqueza decadente de los postres con infusión de moca, cada receta ha sido cuidadosamente elaborada para brindar una deliciosa experiencia de moca. Le animamos a experimentar, adaptar y hacer suyas estas recetas, adaptándolas a sus preferencias personales y aventuras culinarias.

Recuerde, el moca no es sólo un sabor: es una experiencia sensorial que combina el arte del café con el placer del chocolate. Es un recordatorio para saborear los placeres simples de la vida y encontrar alegría en los pequeños momentos.

Esperamos que " El libro de cocina del moca " te haya inspirado a ser creativo en la cocina y que las recetas contenidas en sus páginas te hayan hecho sonreír y calidez a tu corazón. Que cada sorbo y bocado te transporte a un mundo de magia moca.

Gracias por acompañarnos en este viaje lleno de moca. Hasta que nos volvamos a encontrar, ¡feliz elaboración de cerveza y buen provecho!